"十三五"职业教育城市轨道交通专业系列教材

城市轨道交通通信技术

主　编　杨　屏
副主编　李　刚　张文超
参　编　李丽萍　冯晓芳

机械工业出版社

本书结合城市轨道交通类职业教育的培养目标，坚持“以就业为导向，以全面素质为基础，以能力为本位”的宗旨，使课本内容与学生实际应用相结合，采用单元化分课题式讲授，内容包括通信概览、电话系统、集群系统、闭路电视系统、广播电视系统、时钟系统和电源系统，共 7 个单元，21 个课题，3 个实训。

本书内容与时俱进，围绕城市轨道交通职业教育的特点，以课堂讲授知识为基本理论点，以相应的实训为实际操作能力培训模块，突出了城市轨道交通通信技术的要求；注重对学生进行操作技能的培养，强调对专业设备的认知与安全操作。

本书可以作为职业院校城市轨道交通类专业基础课教材，也可供有关人员参考。

图书在版编目（CIP）数据

城市轨道交通通信技术/杨屏主编．—北京：机械工业出版社，2017.9（2025.8 重印）
“十三五”职业教育城市轨道交通专业系列教材
ISBN 978-7-111-57740-9

Ⅰ.①城…　Ⅱ.①杨…　Ⅲ.①城市铁路-交通信号-通信技术-高等职业教育-教材　Ⅳ.①U239.5

中国版本图书馆 CIP 数据核字（2017）第 196497 号

机械工业出版社（北京市百万庄大街 22 号　邮政编码 100037）
策划编辑：曹新宇　　　　责任编辑：曹新宇　张利萍
责任校对：王　延　郑　婕　封面设计：鞠　杨
责任印制：张　博
固安县铭成印刷有限公司印刷
2025 年 8 月第 1 版第 11 次印刷
184mm×260mm · 9.5 印张 · 228 千字
标准书号：ISBN 978-7-111-57740-9
定价：32.00 元

电话服务　　　　　　　　网络服务
客服电话：010-88361066　机　工　官　网：www.cmpbook.com
　　　　　010-88379833　机　工　官　博：weibo.com/cmp1952
　　　　　010-68326294　金　书　网：www.golden-book.com
封底无防伪标均为盗版　机工教育服务网：www.cmpedu.com

前　言 PREFACE

为适应高等职业教育蓬勃发展及教学改革不断深入的需要，针对城市轨道交通类及相近专业培养目标的要求，编写组围绕应用型人才培养目标做了大量的调研，并结合多年教学经验编写了本书。

本书的特点如下：

1. 目标明确、注重实用。

本书针对轨道交通类专业学生，对应未来就业岗位是列车司机、列检员、站务员。本书以认知了解城市轨道交通通信所涉及的基本设备为主要目的，同时兼顾职业技能要求，可满足学生未来职业技能发展需求。

2. 图文并茂、通俗易懂。

本书大量采用立体直观的结构图和符合国家标准的电路图，在文字描述方面力求通俗易懂，使学生能够自己读懂教材。

3. 拓展能力。

针对层出不穷的新技术和新设备，注重对学生进行操作技能的培养，书中设计了一些专业实训内容，让学生能有机会深入到实际工作环境中去，接触专用设备，在不断的认知中完成日常通信系统巡查工作。

4. 安全第一、文化育人。

针对轨道交通类专业学生未来就业岗位的服务化要求，本书力图在文化育人方面有所突破。本书充分考虑到城市轨道交通对于社会发展的贡献，突出强调了以人为本、服务至上、安全第一的城市轨道交通文化理念，使学生在技术学习中能领悟到行业职业道德，为将来就业打下基础。

全书共分为7个单元，主要内容包括通信概览、电话系统、集群系统、闭路电视系统、广播电视系统、时钟系统和电源系统。

本书建议教学时数为64学时，具体学时分配建议如下：

单元	名　称	主要内容	学　时
一	通信概览	1. 通信系统模型	2
		2. 通信技术主要特征	2
		3. 城市轨道交通通信系统的应用	4
二	电话系统	1. 有线电话原理	2
		2. 城市轨道交通传输系统	4

（续）

单元	名　称	主要内容	学　时
二	电话系统	3. 公务电话系统	2
		4. 城市轨道交通调度系统	2
		实训一：电话调度实训	2
三	集群系统	1. 移动通信原理	2
		2. 集群通信设台组网	4
		3. 城市轨道交通无线通信系统	6
		实训二：无线通信实训	2
四	闭路电视系统	1. 闭路电视监控系统的组成	4
		2. 典型设备的应用	2
		3. 中控室	2
五	广播电视系统	1. 广播电视的基本原理	4
		2. 城市轨道交通广播系统	2
		3. 城市轨道交通电视系统	2
		实训三：广播系统实训	2
六	时钟系统	1. 时间基准	2
		2. GPS 概览	2
		3. 城市轨道交通时钟系统	2
七	电源系统	1. UPS 理论和应用	2
		2. 城市轨道交通电源	4
合　计			64

本书由北京电子科技职业学院杨屏老师担任主编，负责全书的策划构思和统稿，并编写了单元五；单元一和单元六由副主编北京电子科技职业学院李刚老师编写；单元二和单元七由副主编河北轨道运输职业技术学院张文超老师编写；河北轨道运输职业技术学院李丽萍老师编写了单元三；河北轨道运输职业技术学院冯晓芳老师编写了单元四。这些内容都是编者在长期教学实践中积累的，希望能对使用本书的读者有所帮助。

由于编者水平有限，书中难免存在问题和缺失，我们恳切地希望广大读者给予批评和指正。

编　者

目 录 CONTENTS

01

单元一　通信概览

【学习目标】

1. 了解通信的一般概念。
2. 了解通信系统的基本理论。
3. 了解轨道交通通信系统的基本应用。

课题一 通信系统模型

从古到今，人类的社会活动总离不开消息的传递和交换，古代的消息树、烽火台，以及现代社会的文字、书信、电报、电话、广播、电视、遥控、遥测等，这些都是消息传递的方式或信息交流的手段。人们可以用语言、文字、数据或图像等不同的形式来表达信息。

通信的根本目的在于传输含有信息的消息，否则，就失去了通信的意义。基于这种认识，“通信”也就是“信息传输”或“消息传输”。

实现通信的方式很多，随着社会的需求、生产力的发展和科学技术的进步，目前的通信越来越依赖利用“电”来传递消息的电通信方式。由于电通信迅速、准确、可靠且不受时间、地点、距离的限制，因而近百年来得到了迅速的发展和广泛的应用。当今，在自然科学领域涉及“通信”这一术语时，一般均是指“电通信”。光通信也属于电通信，因为光也是一种电磁波。

一、通信的基本概念

1. 消息与信号

消息（Message）是通信系统要传送的对象，它由信源产生，如语音、图像、文字或某些物理参数等，所以通常也把语音和图像的编码称为信源编码。

信号（Signal）是指为了传送消息，而对消息进行变换后在通信系统中传输的某种物理量，如电信号、声信号或光信号等。另外与其相近的名词是信令（Signalling），它是通信系统进行控制操作或为用户服务的一类控制信号。

信息（Information）是消息所含内容的量度，单位为比特，后文会给出详细说明。

2. 通信

通信是指由一地向另一地进行消息的有效传递。

通信的目的是传递消息。

通信的书面定义是利用电子等技术手段，借助电信号（含光信号）实现从一地向另一地进行消息的有效传递称为通信。

通信系统是指通信中所需要的一切技术设备和传输媒质构成的总体。

二、通信系统的一般模型

描述一个系统，通常要利用框图建立一个模型，以便讨论模型中的每一部分。电话、电视、广播、微波通信、卫星通信等系统有着成熟的技术与应用，可以认为它们是一类经典的通信系统，用下面的系统模型来表述，如图 1-1 所示。

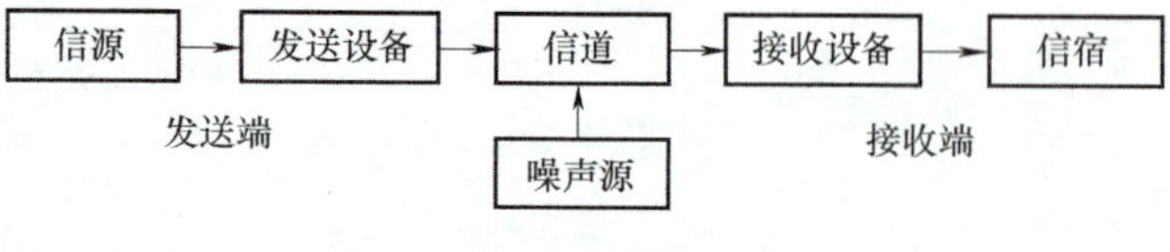

图 1-1 通信系统一般模型

一个通信系统通常包括六个部分，每个部分的详细功能描述如下：

1. 信源（信息源，也称发终端）

信源消息的来源，把待传输的消息转换成原始电信号，如电话系统中电话机可看成是信源。

2. 发送设备

发送设备将信源和信道匹配起来，即将信源产生的原始电信号（基带信号）变换成适合在信道中传输的信号。

3. 信道

信道是信号传输的通道，可以是有线的，也可以是无线的，甚至还可以包含某些设备。

4. 接收设备

接收设备的任务是从带有干扰的接收信号中恢复出相应的原始电信号来。

5. 信宿

信宿是传输信息的归宿点，将复原的原始电信号转换成相应的消息。

6. 噪声源

噪声源不是人为加入的设备，而是通信系统中各种设备，以及信道中所固有的，并且是人们所不希望的。噪声的来源是多样的，它可分为内部噪声和外部噪声，而且外部噪声往往是从信道引入的，因此，为了分析方便，把噪声源视为各处噪声的集中表现而抽象加入到信道。

三、模拟通信和数字通信

信源发出的消息虽然有多种形式，但可分为两大类：一类称为连续信息源；另一类称为离散信息源。连续消息是指消息的状态连续变化或是不可数的，如语音、活动图片等。离散消息则是指消息的状态是可数的或离散的，如符号、数据等。

消息的传递是通过它的物质载体——电信号来实现的，即把消息寄托在电信号的某一参量上（如连续波的幅度、频率或相位；脉冲波的幅度、宽度或位置）。按信号参量的取值方式不同可把信号分为两类，即模拟信号和数字信号。

因此，按照信道中传输的是模拟信号还是数字信号，可相应地把通信系统分为模拟通信系统和数字通信系统。模拟通信和数字通信如图 1-2 所示。

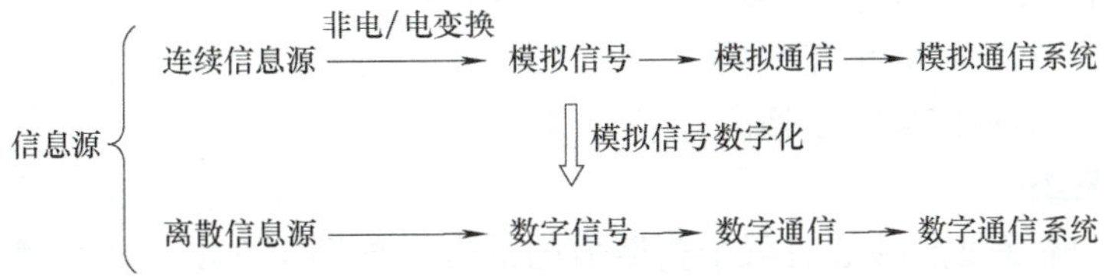

图 1-2　模拟通信和数字通信

从图 1-2 中可以看出，将模拟信号进行数字化处理以后可以按照数字通信系统进行传输，这也是当今应用最为普遍的通信系统。

1. 模拟通信系统

模拟通信系统是利用模拟信号来传递信息的通信系统，模拟信号是幅度在某一范围内可以连续取值的信号，如图 1-3 所示。我们知道，信源发出的原始电信号是基带信号，基带的含义是指信号的频谱从零频附近开始，如语音信号为 300～3400Hz，图像信号为 0～6MHz。由于这种信号具有频率很低的频谱分量，一般不宜直接传输，这就需要把基带信号变换成频带适合在信道中传输的信号，并可在接收端进行反变换。完成这种变换和反变换作用的通常是调制器和解调器。经过调制以后的信号称为已调信号。已调信号有三个基本特征：

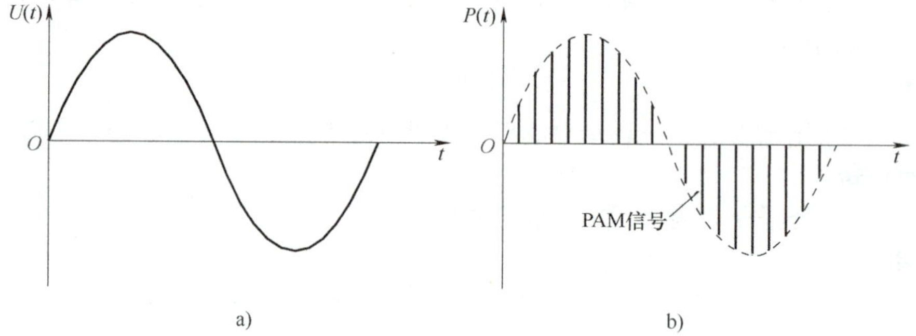

图 1-3　模拟信号

a）时间和幅值都连续　b）时间离散但幅值仍连续

1）携带有消息。

2）适合在信道中传输。

3）频谱具有带通形式，且中心频率远离零频。

模拟通信系统的模型与通信系统的一般模型相比，由调制器表示发送设备，由解调器表示接收设备，也就是说，在模拟通信系统中，利用调制解调器来实现信号的发送和接收。

模拟通信系统的模型如图 1-4 所示。

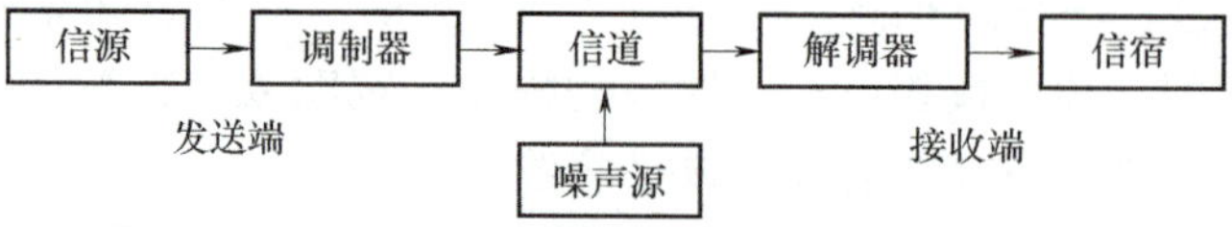

图 1-4　模拟通信系统的模型

模拟通信系统中有两种重要变换：

1）连续消息到电信号的相互变换。

2）基带信号到调制信号的变换。

2. 数字通信系统

数字信号是指幅度仅能够取有限个离散值的信号，如图 1-5 所示。信道中传输的是数字信号，包括将基带数字信号直接送往信道传输的数字基带传输和经载波调制后再送往信道传输的数字载波传输。对应的通信系统称为数字通信系统。数字通信的另一个方面是模拟信号的数字化传输。数字通信系统的模型如图 1-6 所示。

需要说明的是，图 1-6 是数字通信系统的一般化模型，实际的数字通信系统不一定包括图中的所有环节。如在某些有线信道中，若传输距离不太远且通信容量不太大，数字基带信号无需调制，可以直接传送，称为数字信号的基带传输，其模型中不包括调制与解调环节，

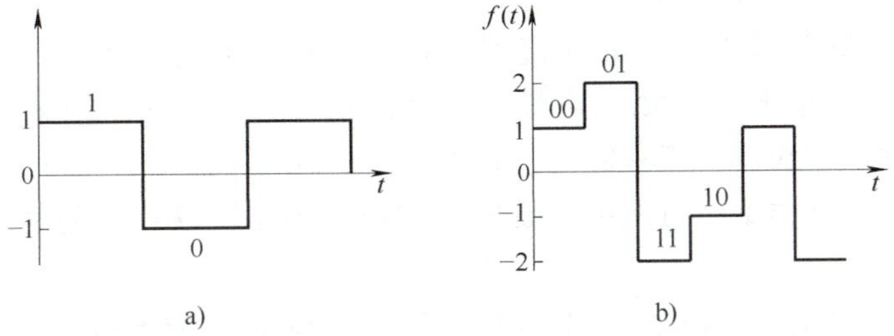

图 1-5 数字信号

a）二进制数字信号 b）四进制数字信号

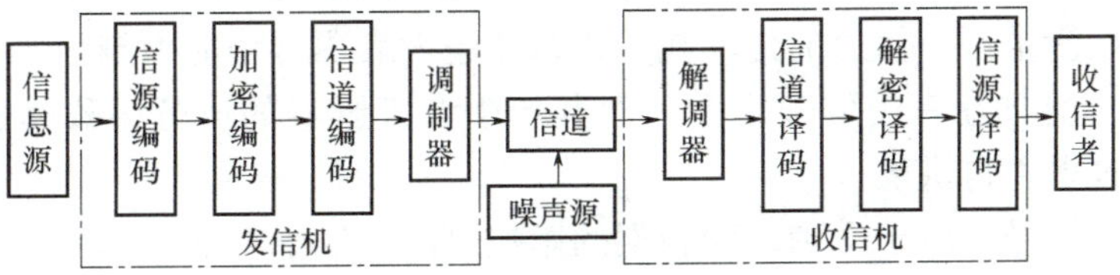

图 1-6 数字通信系统的模型

应该指出的是，模拟信号经过数字编码后可以在数字通信系统中传输，数字电话系统就是以数字方式传输模拟语音信号的例子。

（1）信息源 信息源也称发终端，是消息的来源，它能把待传输的消息转换成原始电信号，如移动通信系统中的手机终端可看成是信息源。

（2）信源编码 信源编码作用示意图，如图 1-7 所示。它的作用主要有两个，具体如下：

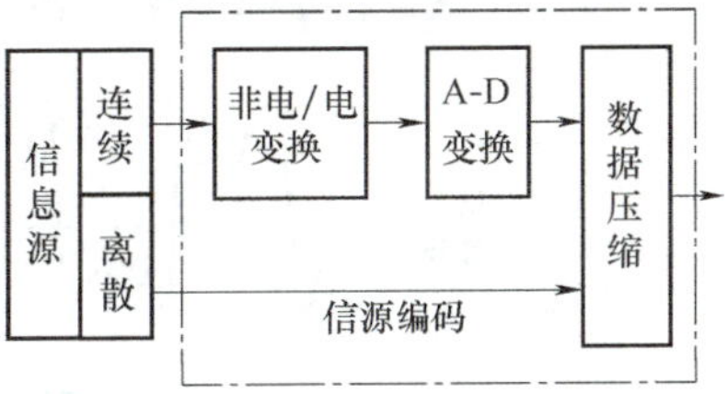

图 1-7 信源编码作用示意图

1）当信息源给出的是模拟语音信号时，信源编码器将其转换成数字信号，以实现模拟信号的数字化传输。这时要进行两步变换：一步是非电信号到电信号的变换；第二步是模拟信号到数字信号的变换。

2）设法减少码元数目和降低码元速率，即通常所说的数据压缩。码元速率将直接影响传输所占的带宽，而传输带宽又直接反映了通信的有效性。数据压缩要尽量忠实于原始的信息，数据压缩技术已经成为当代通信领域中一个非常重要的课题，既要节省码元数目，又要保证压缩的质量。

（3）加密编码 针对已经完成的信源编码，按照特定的规则对码元进行变换（加密），使信息不易被破解，在接收端利用相同的规则再进行解密译码。

（4）信道编码 为了减少传输差错，信道编码器对传输的信息码元按一定的规则加入保护成分（监督码元），组成所谓“抗干扰编码”。接收端的信道译码器按一定规则进行解码，从解码过程中发现错误或纠正错误，从而提高通信系统的抗干扰能力，实现可靠通信。

（5）数字调制与解调 经过三次编码后的信号依然不能在信道中有效传输，在较低的频率下，这种传输的距离非常有限，信号的强度迅速衰落。要实现远距离传输，就要对信号进行调制。例如，语音频率是 300～3400Hz，而信道频带在 10～100kHz，利用频率为 11kHz

的载波调制到11.3~14.4kHz，就可通过信道进行传输。

数字调制就是把数字基带信号的频谱搬移到高频处，形成适合在信道中传输的频带信号。也就是用更高的频率来“承载”已经编码后的信号，用来实现有效传输。基本的数字调制方式有振幅键控（ASK）、频移键控（FSK）、绝对相移键控（PSK）和相对（差分）相移键控（DPSK）等多种类型。可根据所要传输的信号不同，以及传输信道的差异，来选择适当的调制方式。

在接收端，对这些信号可以采用相干解调或非相干解调还原出数字基带信号，再进行进一步的解码以得到原始的信号，完成整个通信过程。

（6）信道　信道是信号传输的通道，其传输特性描述的是不同频率的信号通过信道后能量幅度和相位变化的情况。信道可以是有线的，也可以是无线的，甚至还可以包含某些设备。信道带宽用以衡量一个信道的传输能力，带宽越大表明传输能力越强。

（7）噪声源　叠加在有用信号之上并对其产生有害影响的成分，称为噪声。噪声源在前文已介绍过，这里不再讲述。

经过传输后的信号，由于受到各种因素的影响可能会发生畸变，称为信号失真。噪声叠加导致数字信号幅度失真的示意图如图1-8所示。

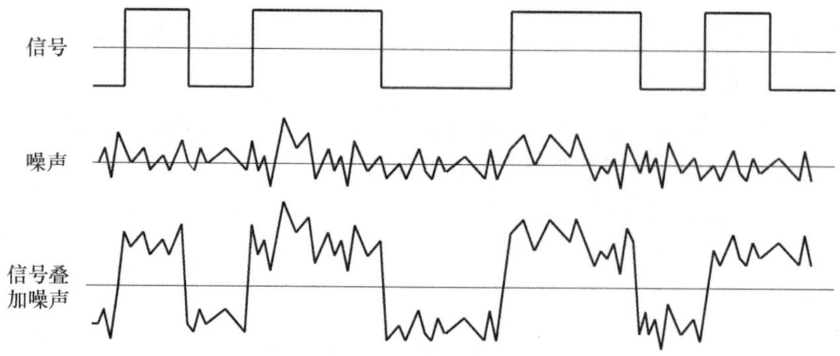

图1-8　数字信号幅度失真示意图

3. 数字通信的主要特点

数字通信已经在很多领域成功地取代了模拟通信，它的优势主要有以下几点：

1）抗干扰能力强。

2）可消除噪声累积现象，适于远距离传输。

3）可实现差错控制编码。

4）易于集成化，从而使通信设备微型化。

5）易加密，对数字信号加密容易处理。

6）技术较复杂，易于与现代各种技术相结合。

尽管如此，数字通信仍然有一些问题，比如：同步控制技术复杂，频带利用率不高，数字通信设备成本居高不下等。不过，随着新的宽带传输信道（如光导纤维）的采用、窄带调制技术和超大规模集成电路的发展，数字通信的这些缺点已经弱化。随着微电子技术和计算机技术的迅猛发展和广泛应用，数字通信在今后的通信方式中必将逐步取代模拟通信而占主导地位。

课题二 通信技术主要特征

通信的目的是有效地传递信息，衡量信息大小的指标称为信息量。信息量可以度量信息，它和消息的种类以及消息的重要程度无关。信息量是一个具体的指标，信息量的计算可以反映消息中所含信息量与消息出现的概率之间的关系。概率是一个数学概念，简单地说就是一件事情发生的可能性。概率通常写作一个百分数，若事件肯定发生，称该事件发生的概率为100%；若事件肯定不发生，称该事件发生的概率为0。信息量就是这样一个消息出现概率的函数。消息出现的概率越小，它所包含的信息量越大；消息出现的概率越大，它所包含的信息量越小。若干个互相独立事件构成的消息，所含的信息量等于各独立事件信息量的和。

一、通信的工作方式

通信系统按照通信的工作方式来分，可以分为三大类，即单工方式、半双工方式和全双工方式。

1. 单工方式

单工方式是指通信的双方同时只能有一方发送信号，而另一方接收信号。单工制又分为同频单工和双频单工两种。同频单工是指基地站和移动台均使用相同的工作频率，双频单工指通信双方使用两个频率，如图1-9所示。

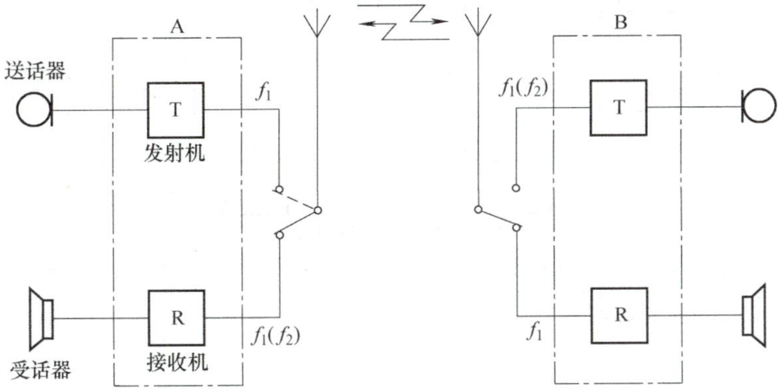

图1-9 单工方式

单工方式的主要代表就是对讲机，两部对讲机之间只用同一个信道进行通信，主叫按下通话键可以发话，松开后发话结束，对讲机进入“守听”状态，等待接收对方的通话，即所谓“按—讲”状态。

2. 半双工方式

半双工方式是指通信的双方有一方在通信的过程中既能发射信号也能接收信号，而另一方只能是单工工作，如图1-10所示。

半双工方式的主要代表是集群通信系统，它类似于对讲机，但指挥中心的主调度机在任何时候都可以进行发话和接听，而不受“按—讲”的限制。而其他终端依然是单工方式，平时处于守听状态，按照“按—讲”方式工作。

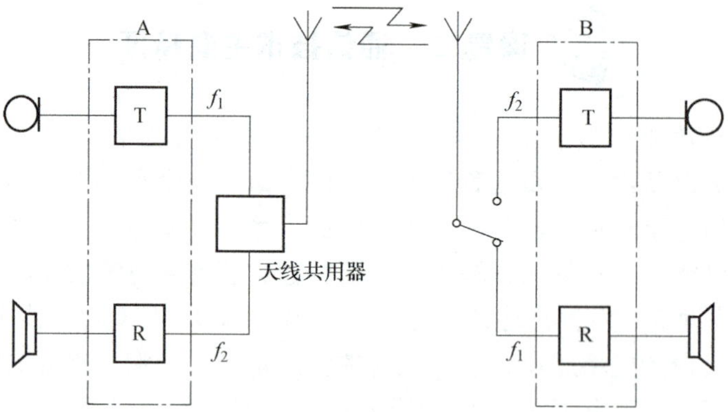

图 1-10 半双工方式

图 1-10 中 A 方使用双工方式，即收发信机同时工作，且使用两个不同的频率 f_1 和 f_2；而另一方 B 则采用双频单工方式，即收发信机交替工作。平时，B 方是处于守听状态，仅在发话时才按压“按—讲”开关，切断收信机使发信机工作。半双工方式的优点是设备简单，功耗小，克服了通话断断续续的现象。

3. 全双工方式

全双工通信是指任何一方在发话的同时也能收听到对方讲话，而且不需采用“按—讲”的方式，这就是手机的通信方式，如图 1-11 所示。

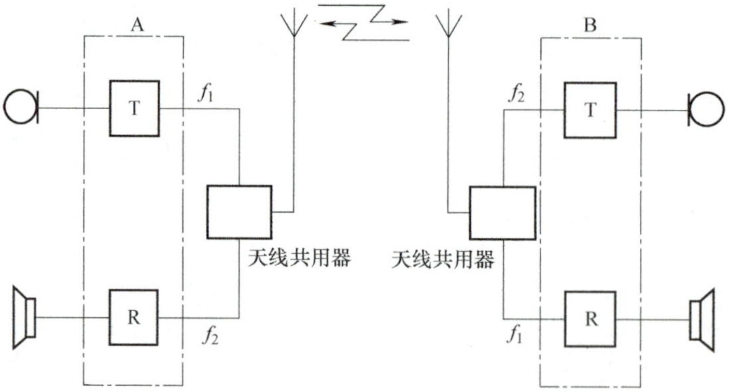

图 1-11 全双工方式

但是采用这种方式，在使用过程中，不管是否发话，发射机总是工作的，故电能消耗大。这一点对以电池为能源的移动台是很不利的。为此，在某些系统中，移动台的发射机仅在发话时才工作，而移动台接收机总是工作的，通常称这种系统为准双工系统，它可以和双工系统相兼容。目前，这种工作方式在移动通信系统中获得了广泛的应用。

二、通信的多址方式

在无线通信环境的电波覆盖区内，如何建立用户之间的无线信道的连接，是多址接入方式内的问题。因为无线通信具有大面积无线电波覆盖和广播信道的特点，网内一个用户发射的信号其他用户均可接收，所以网内用户如何能从播发的信号中识别出发送给本用户地址的信号就成为建立连接的首要问题。

多址接入方式的数学基础是信号的正交分割原理。无线电信号可以表达为时间、频率和码型的函数，即可写作

$$S(c,f,t)=C(t)S(f,t)$$

式中，$C(t)$ 是码型函数，$S(f,t)$ 为时间（t）和频率（f）的函数。

当以传输信号的载波频率的不同划分来建立多址接入时，称为频分多址方式（FDMA）；当以传输信号存在的时间不同划分来建立多址接入时，称为时分多址方式（TDMA）；当以传输信号的码型不同划分来建立多址接入时，称为码分多址方式（CDMA）。图 1-12 分别给出了 FDMA、TDMA 和 CDMA 的示意图。

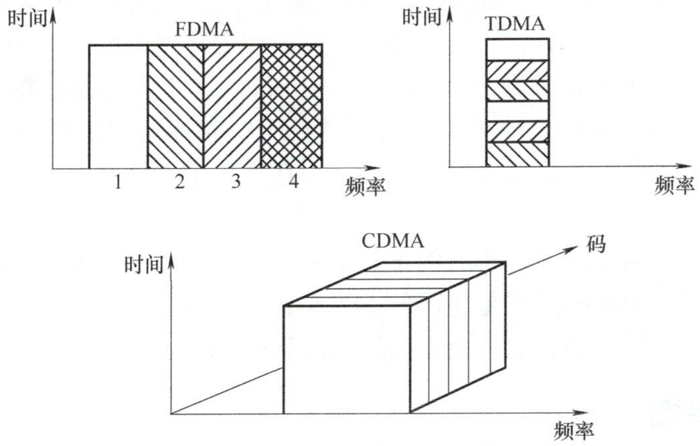

图 1-12　多址方式示意图

蜂窝结构的通信系统特点是通信资源的重用。频分多址系统是频率资源的重用；时分多址系统是时隙资源的多用；码分多址系统是码型资源的重用。频分多址系统是以频道来分离用户地址的，所以它是频道受限和干扰受限的系统；时分多址系统是以时隙来分离的，所以它是时隙受限和干扰受限的系统，但一般来说，它只是干扰受限的系统。

1. 频分多址（FDMA）

在频分多址（Frequency Division Multiple Access）系统中，把可以使用的总频段划分为若干占用较小带宽的频道，这些频道在频域上互不重叠，每个频道就是一个通信信道，分配给一个用户。在接收设备中使用带通滤波器允许指定频道里的能量通过，但滤除其他频率的信号，从而限制临近信道之间的相互干扰。

这种方式的特点是技术成熟，易于与模拟系统兼容，对信号功率控制要求不严格。但是在系统设计中需要周密的频率规划，基站需要多部不同载波频率发射机同时工作，设备多且容易产生信道间的互调干扰。

2. 时分多址（TDMA）

在时分多址（Time Division Multiple Access）系统中，把时间分成周期性的帧，每一帧再分割成若干时隙（无论帧或时隙都是互不重叠的），每一个时隙就是一个通信信道，配给一个用户。然后根据一定的时隙分配原则，使各个移动台在每帧内只能按指定的时隙向基站发射信号，满足定时和同步的条件下，基站可以在各时隙中接收到各移动台的信号而互不干

扰。同时，基站发向各个移动台的信号都按顺序安排在预定的时隙中传输，各移动台只要在指定的时隙内接收，就能在合路的信号中把发给它的信号区分出来。

TDMA 系统不存在频率分配问题，对时隙的管理和分配通常要比对频率的管理与分配容易而经济，便于动态分配信道；如果采用话音检查技术，实现有话音时分配时隙，无话音时不分配时隙，有利于提高系统容量。

TDMA 系统设备必须有精确的定时和同步，保证各移动台发送的信号不会在基站发生重叠或混淆，并且能准确地在指定的时隙中接收基站发给它的信号。同步技术是 TDMA 系统正常工作的重要保证，往往也是比较复杂的技术难题。

3. 码分多址（CDMA）

在码分多址（Code Division Multiple Access）系统中，不同用户传输信息所用的信号不是靠频率不同或时隙不同来区分，而是用各自不同的编码序列来区分，或者说，靠信号的不同波形来区分。如果从频域或时域来观察，多个 CDMA 信号是互相重叠的。接收机用相关器可以在多个 CDMA 信号中选出使用预定码型的信号。其他使用不同码型的信号因为和接收机本地产生的码型不同而不能被解调。它们的存在类似于在信道中引入了噪声或干扰，通常称之为多址干扰。

码分多址在日常生活中最为经典的例子是由许多来自世界不同国家的人参与的聚会。在聚会中，大家谈话的频率和时间都是相同的，可是由于语言的不同（识别码的不同），人们可以听懂与自己交谈者的谈话，而不会受到别人的影响。

三、通信的传输

1. 串行与并行

串行传输方式和并行传输方式是两种常见的通信传输方式，串行传输方式如图 1-13a 所示，数据在单条 1 位宽的传输线上，一比特接一比特地按顺序传送；并行传输方式如图 1-13b 所示，一个字节（8 位）数据是在 8 条并行传输线上同时由源传到目的地；而在串行通信中，数据是在单条 1 位宽的传输线上一位接一位地顺序传送。这样一个字节的数据要分 8 次由低位到高位按顺序一位位地传送。

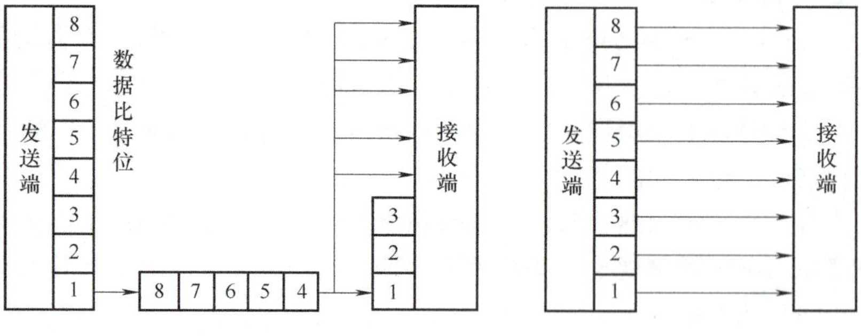

图 1-13 串行通信与并行通信

a）串行传输方式 b）并行传输方式

从图 1-13 可以看出，串行通信节省通信线路，但传输效率较低，适合于单一性质或远距离传输；并行通信需要大量传输线路，但通信效率高。

2. 同步和异步

是否“同步”对于现代通信系统而言非常重要。仅仅从字面上也可以清晰地理解两种传输方式的区别。同步传输要求双方时钟严格一致，如图 1-14a 所示，为求时钟严格一致，发送方的编码中隐含着供接收方提取的同步时钟频率；收发以数据帧为单位，帧头包含帧同步码，中间是信息码，帧尾是帧结束码。异步传输如图 1-14b 所示，要求收发双方的时钟节拍各自独立并允许有一定的误差。为了达到双方同步的目的，需要在每个字符的头、尾各附加一个比特的起始位和终止位，用来指示一个字符的开始和结束。

3. 传输媒介

按照信号传输媒介可以将通信系统分为有线通信系统和无线通信系统。有线通信利用导体对信号进行导向性传输，有较强的封闭性和安全性，信号传输质量好，容量可以无限制地增大。但敷设、维护成本较高。有线传输媒介主要有三种，分别是同轴电缆、双绞线和光纤，如图 1-15 所示。

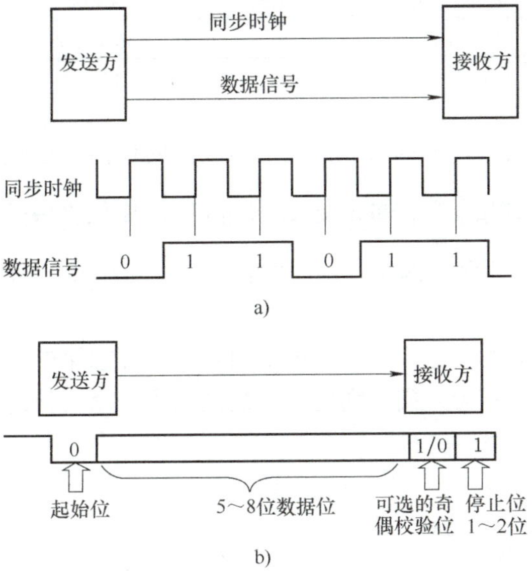

图 1-14　同步传输与异步传输

a）同步传输　b）异步传输

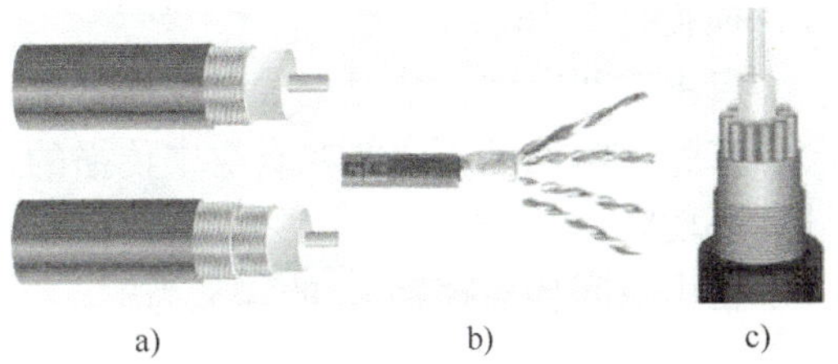

图 1-15　有线传输媒介

a）同轴电缆　b）双绞线　c）光纤

不同的介质传输的信号也不相同，双绞线适合于较低频率的信号传输；同轴电缆传输信号的频率更高；光纤适合传输可见光频段的电磁波。

双绞线芯一般是铜质的，能提供良好的传导率。双绞线既可以用于传输模拟信号，也可以用于传输数字信号，普遍用于点到点的连接，也可以用于多点的连接。在低频传输时，双绞线的抗干扰性相当于或高于同轴电缆，但在超过 10～100kHz 时，同轴电缆就比双绞线明显优越。双绞线可以在几十米或更大范围内提供数据传输。

单根同轴电缆的直径为 1.02～2.54cm，可在较宽的频率范围内工作。同轴电缆适用于点到点和多点连接。传输距离取决于传输的信号形式和传输的速率，典型基带电缆的最大距离限制在几公里，在同样数据速率条件下，粗缆的传输距离较细缆的远。同轴电缆寿命长、通信容量大、质量稳定、抗干扰性能比双绞线强，在有线通信中占有很大比重。

无线通信利用非导向性传输媒体在自由空间传播信号，具有优良的可移动性和低廉的扩张成本，但易受到外界的干扰，由于频率资源有限，传输速率也受限。

无线通信的频率划分和用途见表1-1。

表1-1 无线通信的频率划分和用途

频段/波段	频率范围	波长范围	主要用途	主要传播方式
极低频（ELF）/极长波	3~30Hz	100~10Mm	远程通信、海上潜艇远程导航	地波
甚低频（VLF）/超长波	3~30kHz	100~10km		
低频（LF）/长波	30~300kHz	10~1km	中远程通信、地下通信、无线导航	地波或天波
中频（MF）/中波	0.3~3MHz	1000~100m	中波广播、业余无线电	地波或天波
高频（HF）/短波	3~30MHz	100~10m	短波通信、短波电台、航海通信	天波
甚高频（VHF）/超短波	30~300MHz	10~1m	电视、调频广播、电离层下散射	视距波、散射波
特高频（UHF）/分米波	0.3~3GHz	10~1dm	移动通信、遥测、雷达导航、蓝牙	视距波、散射波
超高频（SHF）/厘米波	3~30GHz	10~1cm	微波、卫星通信、雷达探测	视距波
极高频（EHF）/毫米波	30~300GHz	10~1mm	雷达、微波、射电天文通信	视距波
光波（近红外线）	$10^5\sim10^7$GHz	$0.3\sim3\times10^{-6}$cm	光纤通信	光导纤维

4. 传输损耗

信号在传输过程中若输出端功率小于输入端功率，则称信号受到了损耗，同样信号经过功率分配器等也要受到损耗。损耗的定义是 $d = 10\lg\dfrac{P_{in}}{P_{out}}$，单位是dB（分贝）。比如将信号强度为10mW的信号经过二分配器，在分配器出口得到两个5mW的信号，对每个出口而言，损耗是3 dB。

自由空间电波传播是无线电波最基本、最简单的传播方式。自由空间是一个理想化的概念，实际上电波是不可能在真空中传播的，自由空间为人们研究电波传播提供了一个简化的计算环境。

自由空间传播损耗 L_p 的定义为

$$L_p = \left(\frac{4\pi d}{\lambda}\right)^2 = \left(\frac{4\pi df}{c}\right)^2$$

式中，d 为传播距离；λ 为工作波长；c 为光速；f 为工作电波频率。

自由空间传播损耗 L_p 是传播损耗中最基本的损耗，接收天线接收的信号功率仅仅是发射天线辐射功率的一小部分，大部分能量都向其他方向扩散了。工作距离越远，球面积越大，接收点截获的功率越小，即传播损耗加大。电波在大气层以外的空间传播时，可以近似看成在自由空间传播。

四、通信系统指标

作为一个系统，在对其进行定性的分析以后，必然要进行定量分析，也就是衡量一个系统的性能指标。对于通信系统而言，重点强调两个指标，即有效性指标和可靠性指标。这两个指标也就是人们对于通信最原始的要求——快速和准确。

有效性是指在给定信道内所传输的信息内容的多少，或者说是传输的“速度”问题；而可靠性是指接收信息的准确程度，也就是传输的“质量”问题。这两个问题相互矛盾而又相对统一，通常还可以进行互换。一般情况下，要增加系统的有效性，就得降低可靠性，反之亦然。在实际中，常常依据实际系统要求采取相对统一的办法，即在满足一定可靠性指标下，尽量提高消息的传输速率，即有效性；或者，在维持一定有效性条件下，尽可能提高系统的可靠性。

对于数字通信系统而言，系统的可靠性和有效性可用误码率和传输速率来衡量。

1. 误码率

误码率（码元差错率）P_e 是指发生差错的码元数在传输总码元数中所占的比例，更确切地说，误码率是码元在传输系统中被传错的概率，即

$$P_e = \frac{\text{错误的码元数}}{\text{总传输的码元数}}$$

2. 传输速率

码元传输速率 R_B 简称传码率，又称符号速率等。它表示单位时间内传输码元的数目，单位是波特（Baud），记为 B。

信息传输速率 R_b 简称传信率，又称比特率等。它表示单位时间内传递的平均信息量或比特数，单位是比特/秒，记为 bit/s。

3. 频带利用率

数字通信系统占据一定的频带宽度，衡量系统能否充分发挥所占用频带的作用，用频带利用率来判断。频带利用率是指系统最大传输速率与占用带宽的比值，即

$$\text{频带利用率} = \frac{\text{系统最大传输比特率}}{\text{系统拥有的频带宽度}}$$

五、调制与解调

调制与解调是通信技术最重要的概念之一。“携带”消息的信号称为载波信号，而被“携带”的消息称为调制信号，调制就是让消息被载波信号“携带”，解调就是从载波信号中检测出消息。正弦周期信号和脉冲周期信号常被用作载波信号。

用模拟信号对正弦载波信号进行调制称为模拟调制，根据调制参数的不同分别有振幅调制（AM）、频率调制（FM）和相位调制（PM）三种形式。

振幅调制和频率调制波形示意图如图 1-16 所示。

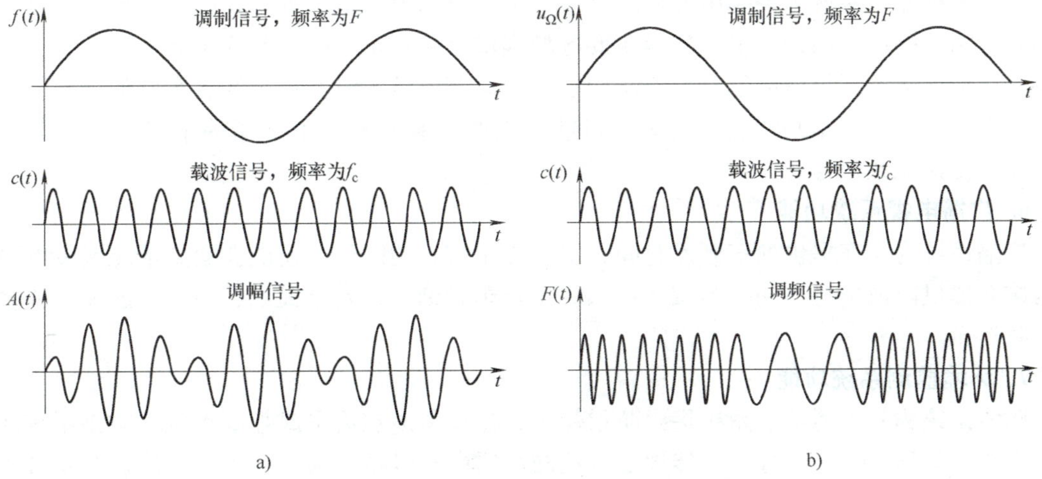

图 1-16　调制信号示意图

a）振幅调制　b）频率调制

课题三　城市轨道交通通信系统的应用

城市轨道交通专用通信系统一般由传输、公务电话、有线调度电话、无线调度电话、闭路电视监控、广播电视、环境监测、时钟、不间断电源（UPS）等系统组成。

一、通信各子系统功能

轨道交通通信系统的服务范围包括运营控制中心、车站、车辆段、停车场、维修中心等运营服务区域。通信系统不是单一的子系统的叠加，而是多个既相对独立又有效合作的子系统的组合。这些子系统在不同的运营环境下协调工作，对各自的故障进行检测和报警，从而确保整个通信系统的可靠性。

1. 传输系统功能

传输系统是整个通信网络的纽带，它给通信各子系统以及电力系统、信号系统、自动售检票（AFC）系统、消防报警系统、办公网络等提供传输通道，将各车站、车辆段、停车场的设备与控制中心的设备连接起来。

2. 公务电话系统功能

公务电话系统为轨道交通运营提供办公电话、传真等业务，同时在控制中心、车站、段场等也设置公务电话，既可作为办公电话使用，也可以作为有线调度电话的备份，一旦调度电话故障，公务电话临时应急投入使用。

3. 专用有线调度系统功能

专用有线调度电话是为行车指挥、维修、抢险等设置的专用通信系统。一般设置四种调度电话：行车调度、电力调度、防灾调度和维修调度电话系统。

4. 无线列车调度系统功能

无线调度系统主要用于解决固定人员（如调度员、值班员）与流动人员（如车辆司机、维修人员与列检人员等）之间的通话。

5. 闭路电视监控系统功能

闭路电视监控系统为控制中心调度管理人员、车站值班员、列车司机及站台监视亭值班员等对车站的站厅、站台、出入口等主要区域提供有关列车运行、旅客疏导、防灾救火、突发事件等情况下的现场视频信息。控制中心的行车调度员实时监视全线各车站的情况，车站值班员能够实时监视本站情况，列车司机能在驾驶室看到乘客上下车的情况（站台与列车间用无线传送视频信号）。

6. 广播电视系统功能

广播系统为乘客提供列车到发时间、安全提示信息的同时，还能在紧急情况或突发事件时为乘客提供疏散信息；同时为旅客提供关于行车时刻表、安全提示、视频等的文字或多媒体视频信息。

7. 环境监测系统功能

防雷系统为其他通信子系统提供防雷保护，当设备遭到雷击或强电干扰后防雷系统通过隔离保护、均压、屏蔽、分流、接地等方法减少雷电对设备的损害。光纤在线监测系统主要为光缆传输通道提供实时在线监测，维护人员可以通过网管监控设备监测光缆状态，并能在故障时判断故障点。动力环境监测系统对通信机房的温湿度、烟雾、空调等工作环境进行监测以及对通信系统 UPS 设备的工作参数进行监控，通过传输设备将车站内通信机房的信息传至控制中心网络管理终端，以便维护工作人员能够实时监测车站。

8. 时钟系统功能

时钟主要是为行车组织提供统一的标准时间，并向其他系统提供标准时间信号。时钟系统分为一级母钟系统与二级母钟系统，一级母钟系统安装在控制中心，二级母钟系统安装在各车站、车辆段的通信机房内，用以驱动分布在站内及车辆段的各子钟以显示正确的时间，同时为通信设备提供基准频率。

9. 电源系统功能

电源系统必须是供电设备独立并具有集中监控管理功能的系统。电源系统应保证对通信设备不间断、无瞬变供电。直流供电系统可由直流配电盘、高频开关型整流模块、直流变换器、逆变器、阀控式密闭铅蓄电池组等组成，并应具有遥信、遥测、遥控性能和标准的接口及通信协议。对要求交流不间断供电的通信设备，可根据负荷容量确定采用逆变器供电或交流不间断电源（UPS）供电方式。

二、通信传输系统组网

传输系统是整个城市轨道通信网络的纽带，通过它可将通信各子系统、各车站的信息传送到控制中心；同时为电力系统、信号系统、自动售检票系统、消防系统、办公网络等提供传输通道。通信传输系统组网示意图如图 1-17 所示。

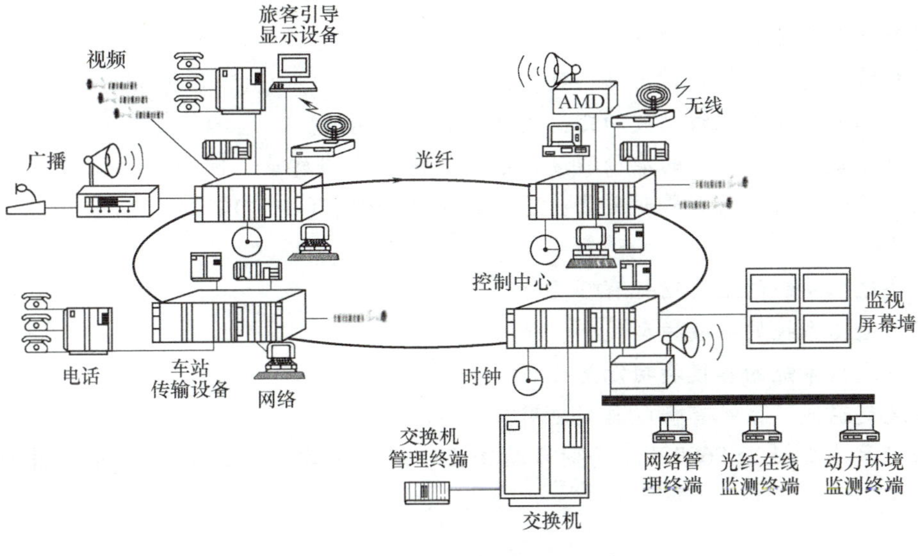

图 1-17 通信传输系统组网示意图

单元小结

本单元简单介绍了通信的基本概念，包括通信系统模型，特别讲授数字通信系统模型各个模块的功能；然后讲授了通信技术的主要特征，包括通信的工作方式、通信的多址方式、通信的传输、通信的主要指标和调制与解调的概念；最后讲述了轨道交通通信系统的典型应用和通信传输设备的基本组网模式。

复习思考题

一、填空题

1. 一个通信系统通常由________、________、________、________、________和________六个部分组成。

2. 模拟通信系统中的两种重要变换是____________和____________。

3. 话音频率一般是____________。

4. 按照信号传输媒介可以将通信系统分为__________和__________等。

5. 经过四分配器，对每个出口而言，损耗是_______ dB（分贝）。

二、选择题

1. 手机通信的工作方式是（　　）。

A. 单工方式　　B. 双工方式　　C. 半双工方式

2. 无法吵架的通信方式是（　　）。

A. 单工方式　　B. 双工方式　　C. 半双工方式

3. 通信系统中保密性最好的多址方式是（　　）。

A. TDMA　　B. FDMA　　C. CDMA

三、判断题

1. 噪声源是人为加入的设备。（　　）

2. 同步传输要求双方时钟严格一致。（　　）

3. 自由空间中传播无线电波的距离越远，其损耗越大。（　　）

4. 有效性是指接收信息的准确程度，也就是传输的“质量”问题。（　　）

5. 数字通信可消除噪声累积现象，适于远距离传输。（　　）

四、问答题

1. 数字通信系统的主要指标有哪几种？

2. 描述通信系统的一般模型。

3. 数字通信系统的各模块功能是什么？

4. 轨道交通通信系统有哪些典型应用？

5. 若卫星在距地面 36000km 的同步轨道上，通信频率为 6×10^9 Hz，试计算自由空间损耗。

02

单元二 电话系统

【学习目标】

1. 了解电话系统的一般概念。
2. 了解有线电话通信的基本工作原理。
3. 掌握有线电话系统在城市轨道交通中的作用及分类。
4. 掌握城市轨道交通中哪些工作地点需要配备有线电话。

电话系统主要为城市轨道交通管理、运营及维修人员提供语音通信。电话交换系统由公务电话系统、调度电话子系统和站内、站间及轨旁电话子系统组成，其中调度电话子系统和站内、站间及轨旁电话子系统属于专用电话系统。

课题一　有线电话原理

一、电话机的原理

电话通信是通过声能与电能相互转换，并利用“电”这个媒介来传输语言的一种通信技术。两个用户要进行通信，最简单的形式就是将两部电话机用一对线路连接起来，如图 2-1 所示。

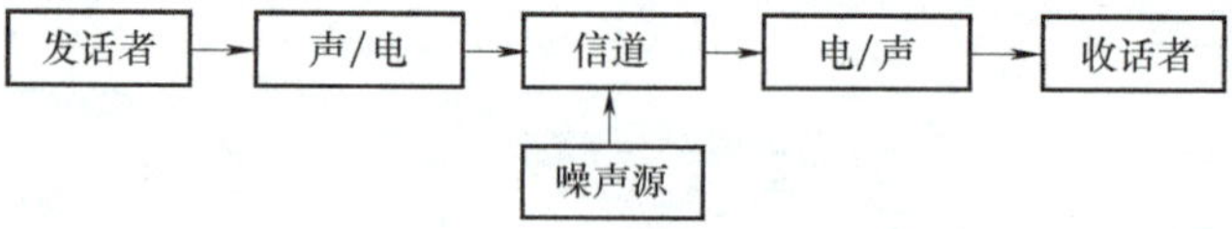

图 2-1　简单电话通信系统

1）当发话者拿起电话机对着送话器讲话时，声带的振动激励空气振动，形成声波。

2）声波作用于送话器上，使之产生电流，称为话音电流。

3）话音电流沿着线路传送到对方电话机的受话器内。

4）受话器的作用与送话器刚好相反，把电流转化为声波，通过空气传至人的耳朵中。这样，就完成了最简单的通话过程。

二、电话通信网的组成

电话通信网由终端设备、电话交换设备和传输线路三部分组成。传输线路与电话交换设备主要用来完成信号远距离的传输，终端设备即电话机的基本功能是完成语音与电信号之间的变换，也完成必要的用户控制功能。

1. 终端设备

终端设备中用来完成声/电变换的装置称为送话器，完成电/声变换的装置称为受话器。在送话器中装有振动膜片，可将声带振动产生的声波压强转换为相应的电流变化，电流沿传输线送到收话人的受话器，由受话器将电流信号转换成声音信号，使受话人听到发话人的讲话。

2. 电话交换设备

电话交换指多用户地区中，任意两个电话机建立临时通话电路，以实现用户间通话的接续过程。自有了电话交换机以后，用户才实现在更大范围内相互通话。随着技术进步，电话交换机由人工交换方式转变为自动交换方式，相继出现了步进制、旋转制、纵横制、半电子式、电子式和程控式等自动电话交换机。

电话通信系统在引入交换机后，形成了电话交换网。在某一地区或城市内，如只设一个交换局则称为单局制电话交换网。若某城市或地区用户数多或服务面积广时，可设多个交换局，且将各交换局用中继线连接起来，组成多局制电话网。如在各城市设长途局并用长途电路连接，则组成全国长途交换网，进一步还可以组成连接国家之间的国际电话交换网。

3. 传输线路

传输线路设施包括用户线、中继线和长途线等，这里只介绍用户线和中继线。

用户线：把用户的电话机接到电话局的线路。每个用户都有一对电话线通到电话局，所以用户线的数量最多。

中继线：电话局之间传输信号和通话用的传输线路。

三、程控交换技术

电话交换伴随着电话通信的出现而同时产生，随着电话通信技术的飞速发展，交换系统经历了人工交换、步进制交换、纵横制交换、电子交换等阶段。

新一代的电子交换系统利用预先编制好的计算机程序来控制整个交换系统的运行，以代替用布线方式连接起来的逻辑电路控制整个系统的运行，所以这种新型的交换系统叫作存储程序控制交换系统，简称程控交换系统。早期的程控交换机在话路系统方面与机电式交换机并无本质区别，仍然使用了空间分割的话路交换网络，所交换的信息也都是模拟信号，因而这一类交换机叫作模拟程控交换机。随着脉冲编码调制（PCM）技术的应用，PCM 传输系统得到发展，促使程控交换向采用时间分割的数字交换机发展。数字交换机所交换的信息是数字信号，所以这类交换机称为数字程控交换机。

1. 程控交换机分类

（1）按交换方式　可分为电路交换、报文交换和分组交换三种方式。

1）电路交换技术。采用面向连接的方式，在双方进行通信之前，需要为通信双方分配一条固定的通信电路，通信双方在通信过程中将一直占用所分配的资源，直到通信结束，并且在电路的建立和释放过程中都需要利用相关的信令协议。这种方式的优点是在通信过程中可以保证为用户提供足够的链路，并且实时性强，时延小，交换设备成本较低；但同时带来的缺点是网络的利用率不高，一旦电路被建立，不管通信双方是否处于通话状态，分配的电路都一直被占用。

2）报文交换技术。以报文为数据交换的单位，报文携带有目标地址、源地址等信息，在交换节点采用存储转发的传输方式。由于报文长度差异很大，长报文可能导致很大的时延，并且对每个节点来说缓冲区的分配也比较困难，为了满足各种长度报文的需要并且达到高效的目的，节点需要分配不同大小的缓冲区，否则就有可能造成数据传送的失败。

3）分组交换技术。在报文交换的基础上，将报文分割成分组进行传输，然后把这些分组（携带源、目的地址和编号信息）逐个地发送出去，在传输时延和传输效率上进行了平衡，从而得到广泛的应用。采用分组交换技术，在通信之前不需要建立连接，每个节点首先将前一节点送来的分组收下并保存在缓冲区中，然后根据分组头部中的地址信息选择适当的链路将其发送至下一个节点，这样在通信过程中可以根据用户的要求和网络的能力来动态地分配带宽。分组交换比电路交换的电路利用率高，但时延较大。

（2）按控制方式　可分为集中控制、分级控制、全分散控制三种方式。

集中控制方式：交换机的全部控制工作均由一台处理机（中央处理机）来承担，早期的交换机多采用这种控制方式。此方式的优点是处理机对整个交换机的工作状态有全面的了解，程序是一个整体，修改调试较容易；缺点是软件庞大，所有处理工作都由一台处理机完成，故处理机负担太重，系统比较脆弱。

分级控制方式：程控交换机中配备若干个区域处理机，来完成监视用户线、中继线状态及接收拨号脉冲等较简单而频繁的工作，中央处理机仅负责智能化程度较高的工作。此方式的优点是由于区域处理机的设立而减少了中央处理机的工作量，使得中央处理机可以采用微处理机，系统可靠性比集中控制式高。

全分散控制方式：在程控交换机中取消了中央处理机，在终端设备的接口部分配置微处理机来完成信号控制（如用户摘、挂机和拨号脉冲识别等）及网络控制功能（通路选择及接续），设立专用微处理机来完成呼叫控制功能。此方式的优点是处理机发生故障时影响面较小，处理机数量可随交换机容量平滑地增长；缺点是处理机数量多，处理机之间通信较频繁，降低了处理机的呼叫处理能力和交换网络的有效信息通过能力。

（3）按交换信息的类型　可分为模拟交换机和程控数字交换机两种方式。

1）模拟交换机：在交换网络中交换的信息是模拟信号（0.3～3.4kHz 的模拟话音信号），故称为程控模拟交换机。模拟交换机所采用的交换网络通常是空分方式。

2）程控数字交换机：在话路部分和交换网络中传送和交换的是数字信号，故称为程控数字交换机。这种交换网络通常采用时分交换方式。

2. 程控交换机基本结构

程控数字交换机实质上是通过采用计算机存储程序来控制的交换机，由程序软件实现各种电路的接续、信息交换及接口等设备管理、维护、控制功能。

程控交换系统是由硬件和软件两大部分组成的，硬件可分为两个系统：话路系统和中央控制系统。

（1）话路系统　话路系统由交换网络和外围电路组成，其中外围电路包括用户电路、中继器、扫描器、网络驱动器和话路接口等几部分。

交换网络的作用是为音频信号（模拟交换）或话音信号的 PCM 数字信号（数字交换）提供接续通路。

用户电路是交换网络和用户线间的接口电路，它的作用包括两方面：一方面是把语音信息（模拟或数字）传送给交换网络；另一方面是把用户线上的其他信号，如铃流等与交换网络隔离开来，以免损坏交换网络。

中继器是数字程控交换机与其他交换机的接口电路。所谓中继线是该系统与其他系统或远距离传输设备的连接线。根据连接的中继线的类型，中继器可分成模拟中继器和数字中继器两大类，中继器还具有出局中继和入局中继之分。

扫描器用来收集用户信息，用户状态（包括中继线状态）的变化通过扫描器可送到控制部分。

网络驱动器是在中央处理系统的控制下，具体地执行交换网络中通路的建立和释放。

话路接口又称信号接收分配器，统一协调信号的接收、传送和分配。

（2）中央控制系统　控制系统的功能包括两个方面：一方面是对呼叫进行处理；另一方面对整个交换系统的运行进行管理、监测和维护。

控制系统硬件由三部分组成：一个是中央处理芯片（CPU），它可以是一般数字计算机的中央处理芯片，也可以是交换系统专用芯片；二是存储器（内存储器），用来存储交换系统常用程序和正在执行的程序及执行数据；三是输入/输出系统，包括键盘、打印机，可根据指令或定时打印出系统数据，外存储器存储常用运行程序，机器运行时调入内存储器。

课题二 城市轨道交通传输系统

一、城市轨道交通传输系统概述

传输系统是通信系统中最重要的骨干系统，能迅速、准确、可靠地传送城市轨道交通运营管理所需要的各种信息。传输系统是一个基于光纤的宽带综合业务数字传输网络，为各种业务信息提供传输通道（包括透明通道），构成传送语言、文字、数据和图像等各种信息的综合业务传输网，并具有自愈环保护功能。

传输系统具备整个城市轨道交通网络所需的各种业务接入功能，为其他通信系统和信号系统、自动售检票（AFC）系统、乘客信息系统（PIS）、供电系统等提供可靠的、冗余的、可重构的、灵活的信息传输及交换信道。

通信传输系统不仅为通信广播、闭路电视、时钟、交换、无线、通信综合网管等系统服务，还担负着信号、电子和机械控制、办公管理、AFC、SCADA、BAS 等系统信息传输的重任。通信传输系统的安全、稳定运作，直接关系到上述系统的正常运作。

二、传输介质

城市轨道交通通信传输系统的传输介质有双绞线电缆、同轴电缆和光纤。

1. 双绞线电缆

双绞线电缆广泛用于电话网中作为模拟用户线使用，是由两根具有绝缘保护层的铜导线组成的。把两根绝缘的铜导线按一定密度互相绞在一起，每一根导线在传输中辐射出来的电波会被另一根线上发出的电波抵消，有效降低信号干扰的程度。双绞线一般由两根 22 ~ 26 号绝缘铜导线相互缠绕而成，“双绞线” 的名字也是由此而来。

根据有无屏蔽层，双绞线分为屏蔽双绞线（Shielded Twisted Pair，STP）与非屏蔽双绞线（Unshielded Twisted Pair，UTP）两大类。屏蔽双绞线在双绞线与外层绝缘封套之间有一个金属屏蔽层。屏蔽层可减少辐射，防止信息被窃听，也可阻止外部电磁干扰的进入，使屏蔽双绞线比同类的非屏蔽双绞线具有更高的传输速率。

常见的双绞线有三类线、五类线和超五类线，以及六类线，前者线径细而后者线径粗。具体型号如下：

1）一类线（CAT1）：线缆最高频率带宽是 750kHz，用于报警系统，或只适用于语音传输（一类标准主要用于 20 世纪 80 年代初之前的电话线缆），不用于数据传输。

2）二类线（CAT2）：线缆最高频率带宽是 1MHz，用于语音传输和最高传输速率为 4Mbit/s 的数据传输，常见于使用 4Mbit/s 规范令牌传递协议的旧的令牌网。

3）三类线（CAT3）：线缆的传输频率为 16MHz，最高传输速率为 10Mbit/s，主要应用于语音、10Mbit/s 以太网和 4Mbit/s 令牌环，已淡出市场。

4）四类线（CAT4）：该类电缆的传输频率为 20MHz，用于语音传输和最高传输速率为 16Mbit/s 的数据传输，未被广泛采用。

5）五类线（CAT5）：该类电缆增加了绕线密度，外套一种高质量的绝缘材料，线缆最高频率带宽为 100MHz，最高传输速率为 100Mbit/s，用于语音传输和最高传输速率为 100Mbit/s 的数据传输，此类线是最常用的以太网电缆。

6）超五类线（CAT5e）：线缆衰减小，串扰少，并且具有更高的衰减与串扰的比值和信噪比、更小的时延误差，性能得到很大提高。超五类线主要用于千兆位以太网（1000Mbit/s）。

7）六类线（CAT6）：线缆的传输频率为 1～250MHz，六类布线系统在 200MHz 时综合衰减串扰比应该有较大的余量，它提供两倍于超五类的带宽。六类布线的传输性能远远高于超五类标准，最适用于传输速率高于 1Gbit/s 的应用。

2. 同轴电缆

同轴电缆是由相互绝缘的同轴导体构成的电缆。同轴电缆由里到外分为四层：中心铜线、塑料绝缘体、网状导电层和电线外皮。中心铜线和网状导电层形成电流回路。电磁场封闭在中心铜线和网状导电层之间，故辐射损耗小，受外界干扰少。

同轴电缆从用途上可分为基带同轴电缆和宽带同轴电缆（网络同轴电缆和视频同轴电缆）。同轴电缆分 50Ω 基带电缆和 75Ω 宽带电缆两类。基带电缆又分细同轴电缆和粗同轴电缆。基带电缆仅仅用于数字传输，数据传输速率可达 10Mbit/s。

同轴电缆的优点是可以在相对长的无中继器的线路上支持高带宽通信，而其缺点也是显而易见的：一是体积大，细缆的直径就有 3/8in（1in＝2.54cm），要占用电缆管道的大量空间；二是不能承受缠结、压力和严重的弯曲，这些都会损坏电缆结构，阻止信号的传输；最后就是成本高，而所有这些缺点正是双绞线能克服的，因此现在的局域网中，同轴电缆基本已被基于以太网物理层规范的双绞线所取代。

3. 光纤

光纤是光导纤维的简称，由直径大约为 0.1mm 的细玻璃丝构成。它透明、纤细，虽比头发丝还细，却具有把光封闭在其中并沿轴向进行传播的导波结构。光纤的直径很细，微细的光纤封装在塑料护套中，使得它能够弯曲而不至于断裂。光纤在光通信中的作用是在不受外界干扰的条件下，低损耗、小失真地将光信号（数字或模拟）从一端传送到另一端。

在日常生活中，由于光在光导纤维的传导损耗比电在电线传导的损耗低得多，光纤被用作长距离的信息传递。

（1）光纤的结构　光纤由纤芯、包层和涂覆层组成，其基本结构如图 2-2 所示。

纤芯：折射率较高，是光波的主要传输通道。

包层：折射率较低，与纤芯一起形成全反射条件。

涂覆层：强度大，能承受较大冲击，保护光纤。

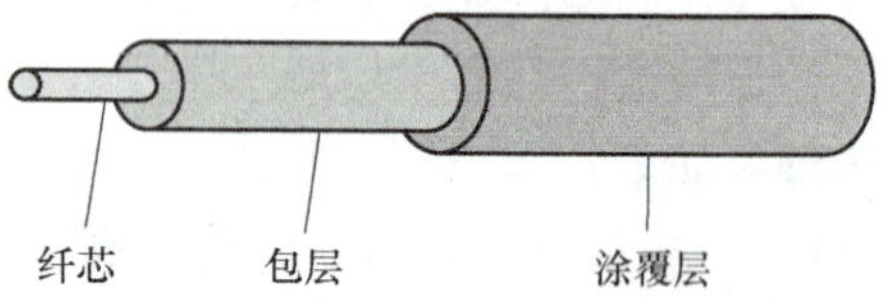

图 2-2　光纤的基本结构

（2）光纤的模式分类　按照光纤的传导模式分类，可分为单模光纤和多模光纤。

1）单模光纤（Single-Mode）。通信用单模光纤的纤芯标称直径为 8.3μm，包层标称外径为 125μm，表示为 8.3/125μm。单模光纤携带单个频率的光将数据从光缆的一端传输到另一端，使用的波长为 1.31μm 或 1.55μm。由于单模光纤完全避免了模式散射，使得传输频带很宽，因而适用于大容量、长距离的光纤通信。

2）多模光纤（Multi-Mode）。通信用多模光纤的纤芯标称直径为50μm或62.5μm，包层标称外径为125μm，表示为50/125μm或62.5/125μm。多模光纤可以同时携带几种光波，由于其模间色散较大，限制了传输数字信号的频率，而且随距离的增加会更加严重。

（3）光缆的种类

1）带状光缆。它是指以多个单根光纤通过着色、堆叠成带和二次套塑的光纤带为单元加工成的光缆。光纤带有两种，即包封型和边粘型，前者能承受横向压力，后者厚度较薄。每带内可有4、8、12或16根光纤。带内光纤间距为0.28mm（对于4、8）和0.3mm（对于12和16），整齐排列，垂直方向上有平面度，即偏离度要求，不得大于如30μm、40μm、50μm（依带内光纤数而定），以便于集群（熔接）接续。带内光纤有序地使用色谱，利于检修和接续时辨别。光纤带体积小，可提高光缆中光纤的集装密度，可构成芯数很大的，如320~3456芯，适用于当前发展迅速的光纤接入网。

2）全介质自承式光缆。它简称ADSS（All Dielectric Self-Support）光缆，其中抗张力的加强元不是金属而是芳纶纱和玻璃纤维增强塑料（FRP）。它主要应用在强电场合，如电力和铁路通信系统；同时，在跨江过河或复杂地形等大跨距场合也有应用。ADSS光缆可以不停电施工，耐电痕，温度范围宽。

地线复合光缆简称OPGW（Optical Power Grounded Waveguide），又称光纤架空地线，电力传输线路的地线中含有供通信用的光纤单元。该光缆做到了两全，即地线的电性能和力学性能不因设置了光纤而受到损害，光纤单元也适当地受到了保护而不致损伤。它有铝骨架型、不锈钢管型以及海底光缆型等几种。

3）海底光缆。它是指铺设于海底的光缆，有浅海和深海应用。这种光缆的特点：一是耐受很大的静水压力（每深10m增加压力为10kN）和施放过程中的拖曳力；二是能防止氢入侵光纤，已经证实，氢会导致光纤增大衰减；三是中继段跨距大。在海底光缆中，光纤单元都放置于缆的中心并在专制的不锈钢管中。该管外绕高强度拱形结构的钢丝。钢丝层又包上铜管，供作远供，又使得光缆铺设时不发生微/宏弯。然后挤塑外护套。在我国上海、青岛、汕头已有洋际海底光缆着陆。

（4）光纤的优点

1）频带宽。频带的宽窄代表传输容量的大小。载波的频率越高，可以传输信号的频带宽度就越大。在VHF频段，载波频率为48.5~300MHz。带宽约250MHz，只能传输27套电视和几十套调频广播。可见光的频率达100000GHz，比VHF频段高出一百多万倍。尽管由于光纤对不同频率的光有不同的损耗，使频带宽度受到影响，但在最低损耗区的频带宽度也可达30000GHz。目前单个光源的带宽只占了其中很小的一部分（多模光纤的频带约几百兆赫，好的单模光纤可达10GHz以上），采用先进的相干光通信可以在30000GHz范围内安排2000个光载波，进行波分复用，可以容纳上百万个频道。

2）损耗低。在同轴电缆组成的系统中，最好的电缆在传输800MHz信号时，每千米的损耗都在40dB以上。相比之下，光导纤维的损耗则要小得多，传输1.31μm的光，每千米损耗在0.35dB以下；若传输1.55μm的光，每千米损耗更小，可达0.2dB以下。这是同轴电缆的功率损耗的一亿分之一，使其能传输的距离要远得多。

3）重量轻。因为光纤非常细，单模光纤芯线直径一般为4~10μm，外径也只有125μm，加上防水层、加强筋、护套等，用4~48根光纤组成的光缆直径还不到13mm，比标准同轴电缆的直径 47mm 要小得多，再者，光纤是玻璃纤维，密度小，具有直径小、重量轻的特点，安装十分方便。

4）抗干扰能力强。因为光纤的基本成分是石英，只传输光，不导电，不受电磁场的作用，在其中传输的光信号不受电磁场的影响，故光纤传输对电磁干扰、工业干扰有很强的抵御能力。

5）保真度高。因为光纤传输一般不需要中继放大，不会因为放大引入新的非线性失真。只要激光器的线性好，就可高保真地传输电视信号。

6）工作性能可靠。一个系统的可靠性与组成该系统的设备数量有关。设备越多，发生故障的机会越大。因为光纤系统包含的设备数量少（不像电缆系统那样需要几十个放大器），可靠性自然也就高，而且光纤设备的寿命都很长，无故障工作时间达 50 万 ~75 万 h，其中寿命最短的是光发射机中的激光器，最低寿命也在 10 万 h 以上。故一个设计良好、正确安装调试的光纤系统的工作性能是非常可靠的。

7）成本不断下降。目前，有人提出了新摩尔定律，也叫作光学定律（Optical Law）。该定律指出，光纤传输信息的带宽，每 6 个月增加 1 倍，而价格降低 1 半。光通信技术的发展，为互联网宽带技术的发展奠定了非常好的基础。这就为大型有线电视系统采用光纤传输方式扫清了最后一个障碍。由于制作光纤的材料（石英）来源十分丰富，随着技术的进步，成本还会进一步降低；而电缆所需的铜原料有限，价格会越来越高。显然，今后光纤传输将占绝对优势，成为全国有线电视网的最主要传输手段。

三、城市轨道交通传输技术

目前城市轨道交通传输系统普遍采用 MSTP 设备，随着信息化程度的不断提高，对数据传输的要求是高带宽、低时延，通道保护智能化高，会采用更先进的 OTN 传输设备。

1. WDM 技术

所谓波分复用（WDM）是指将特定的不同波长的光载波信号，在发送端利用波分复用器件进行汇合，并将其耦合到一根光纤中进行传输，在接收端通过解复用器对各种波长的光载波信号进行分离的技术。

WDM 系统的工作波长是相当宽的，适用于所有低衰减、低色散窗口。由于在光波分复用应用系统中，最关键的器件是波分复用器，因此系统要求波分复用器有低插入损耗，还要有足够的带宽和良好的隔离度。

WDM 技术的发展，使得光纤通信系统的传输能力有了巨大的提高，充分挖掘了光纤的频带利用潜力。

WDM 的特点如下：

（1）提高了光纤的频带利用率　以前的光纤通信系统只能在一根光纤中传输一路光信号，而 WDM 技术能够将各路光信号在一根光纤中同时传送，从而能够充分利用光纤的传输带宽，提高了光纤的频带利用率。

（2）降低了传输成本　首先多路信号由单根光纤同时传输，极大地节约了光纤，再就是 EDFA 的使用，节约了大量光电再生器。这就使得光传输系统降低了传输成本。

（3）增加了组网的灵活性　使用 WDM 技术可以在不改变光缆设施的前提下对网络结构进行调整，以适应实际业务量的需要，从而增加了组网的灵活性。

（4）实现了信号的超大容量传输　由于对已敷设光缆的极化膜色散不清楚等原因，新建 10Gbit/s SDH 系统有困难，有时可用 WDM 传输多个 2.5Gbit/s SDH 系统实现超大容量传输。

（5）降低了对光电器件的速率要求　在光纤传输系统中，信号的传输速率增加，有时会导致光电器件的“瓶颈”问题，从而影响信息传递的速率。而 WDM 技术的使用可以降低对光电器件的速率要求。

2. SDH 传输技术

同步数字系列（Synchronous Digital Hierarchy，SDH）网是指由一些 SDH 网元组成的，在光纤上进行同步信息传输，复用分插和交叉连接的网络。SDH 的概念最早由美国贝尔通信研究所提出，称为 SONET（同步光网络），国际电信联盟标准部（ITU-T）于 1988 年正式接受了这一概念并重新命名为 SDH。SDH 不仅适用于光纤，也适用于微波和卫星传输的通用技术体制。它可实现网络有效管理、实时业务监控、动态网络维护、不同厂商设备间的互通等多项功能，能大大提高网络资源利用率、降低管理及维护费用、实现灵活可靠和高效的网络运行与维护。

（1）SDH 信号的帧结构　SDH 采用的信息结构等级称为同步传送模块 STM-*N*，STM-*N* 信号帧结构的安排应尽可能使支路低速信号在一帧内均匀地、有规律地排列。因为这样便于实现支路低速信号的分插、复用和交换，以方便从高速 SDH 信号中直接上/下低速支路信号。鉴于此，ITU-T 规定了 STM-*N* 的帧是以字节（B）为单位的矩形块状帧结构，如图 2-3 所示。

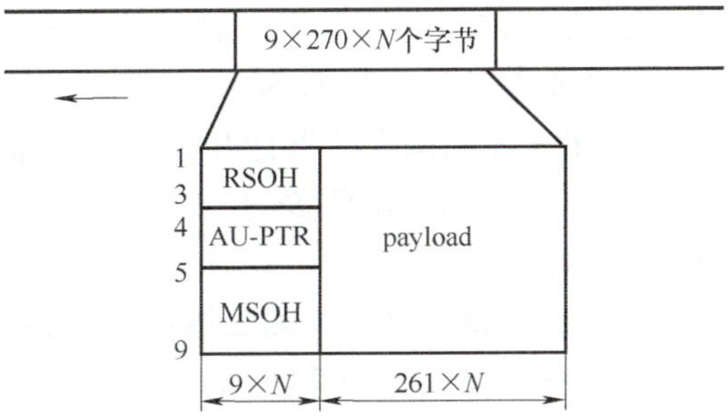

图 2-3　STM-*N* 信号帧结构

从图 2-3 看出，STM-*N* 的信号是 9 行 ×270 ×*N* 列的帧结构。此处的 *N* 与 STM-*N* 的 *N* 相一致，取值范围为 1，4，16，64，…，表示此信号由 *N* 个 STM-1 信号通过字节间插复用而成。由此可知，STM-1 信号的帧结构是 9 行 ×270 列的块状帧，由图 2-3 看出，当 *N* 个 STM-1 信号通过字节间插复用成 STM-*N* 信号时，仅仅是将 STM-1 信号的列按字节间插复用，行数恒定为 9 行。

SDH 信号帧传输的原则是帧结构中的字节（B）从左到右，从上到下一个字节一个字节地传输，传完一行再传下一行，传完一帧再传下一帧。ITU-T 规定，对于任何级别的 STM-*N* 帧，帧频是 8000 帧/s，也就是帧长或帧周期为恒定的 125μs。

帧周期的恒定是 SDH 信号的一大特点，任何级别的 STM-*N* 帧，其帧频都是 8000 帧/s。由于帧周期的恒定，STM-*N* 信号的速率也有其规律性。例如，STM-4 的传输速率恒等于 STM-1 信号传输速率的 4 倍，STM-16 恒等于 STM-4 的 4 倍，等于 STM-1 的 16 倍。而 PDH 中的 E2 信号速率≠E1 信号速率的 4 倍。SDH 信号的这种规律性使高速 SDH 信号直接分插出低速 SDH 信号成为可能，特别适用于大容量的传输情况。

从图 2-3 中看出，STM-*N* 的帧结构由三部分组成：段开销，包括再生段开销（RSOH）和复用段开销（MSOH）；管理单元指针（AU-PTR）；信息净负荷（payload）。

1）信息净负荷（payload）。信息净负荷是在 STM-*N* 帧结构中存放将由 STM-*N* 传送的各种信息码块的地方。信息净负荷区相当于STM-N这辆运货车的车厢，车厢内装载的货物就是经过打包的低速信号——待运输的货物。为了实时监测货物（打包的低速信号）在传输过程中是否有损坏，在将低速信号打包的过程中加入了监控开销字节——通道开销（POH）字节。POH作为净负荷的一部分与信息码块一起装载在STM-N这辆货车上在SDH网中传送，它负责对打包的货物（低速信号）进行通道性能监视、管理和控制。

2）段开销（SOH）。段开销（SOH）是为了保证信息净负荷正常、灵活传送所必须附加的供网络运行、管理和维护（OAM）使用的字节。例如段开销可进行对STM-N这辆运货车中的所有货物在运输中是否有损坏进行监控，而POH的作用是当车上有货物损坏时，通过它来判定具体是哪一件货物出现损坏。也就是说SOH完成对货物整体的监控，POH完成对某一件特定的货物进行监控。

段开销又分为再生段开销（RSOH）和复用段开销（MSOH），分别对相应的段层进行监控。二者的区别在于监管的范围不同。若光纤上传输的是2.5G信号，RSOH监控的是STM-16整体的传输性能，而MSOH监控的则是STM-16信号中每一个STM-1的性能情况。

3）管理单元指针（AU-PTR）。管理单元指针（AU-PTR）位于STM-N帧中第4行的$9\times N$列，共$9\times N$个字节。SDH能够从高速信号中直接分插出低速支路信号（例如2Mbit/s），是因为低速支路信号在高速SDH信号帧中的位置有预见性，也就是有规律性。预见性的实现就在于SDH帧结构中的指针开销字节功能。AU-PTR是用来指示信息净负荷的第一个字节在STM-N帧内的准确位置的指示符，以便收端能根据这个位置指示符的值（指针值）正确分离信息净负荷。

指针有高、低阶之分，高阶指针是AU-PTR，低阶指针是TU-PTR（支路单元指针）。

（2）SDH的复用结构和步骤　SDH网的兼容性要求SDH的复用方式既能满足异步复用（例如：将PDH信号复用进STM-N），又能满足同步复用（例如STM-1→STM-4），而且能方便地由高速STM-N信号分插出低速信号，同时不造成较大的信号时延和滑动损伤，这就要求SDH需采用自己独特的一套复用步骤和复用结构。在这种复用结构中，通过指针调整定位技术来取代125μs缓存器用以校正支路信号频差和实现相位对准，各种业务信号复用进STM-N帧的过程都要经历映射（相当于信号打包）、定位（相当于指针调整）、复用（相当于字节间插复用）三个步骤。

（3）SDH的主要特点

1）统一的网络接口 。对网络接口（NNI）进行了统一的规范，使北美、日本和欧洲三个地区性标准在STM-1及其以上等级获得了统一，真正实现了数字传输体制上的世界性标准。

2）统一的光接口标准。简化了硬件，缓解了布线拥挤，改善了网络的可用性和误码性能。

3）传输速率高，传输容量大。高速的SDH信号是通过将STM（同步传送模块）信号按字节间插或按码块间插同步复接而成的。商用的40Gbit/s的光纤系统已经投入使用。

4）良好的兼容性。SDH网络不仅与现有的PDH网络完全兼容，还能容纳各种新业务信号，例如，光纤分布式数据接口（FDDI）信号、城域网的分布排队双总线（DQDB）信号、宽带ISDN中的异步转移模式（ATM）及以太网数据等。SDH体现了前向和后向的兼容性，成为公共的传输平台。

5）灵活的复用映射结构。SDH 标准规定了严格的映射复用方法，并采用指针技术，支路信号在线路信号中的位置是透明的，可以直接从 STM-*N* 中灵活地上/下支路信号，无需直接通过逐级复用就可以实现分插功能，从而减少了设备的数量，简化了网络的结构，提高了传输性能。

6）完善的保护和恢复机制。SDH 网络具有智能检测的网管系统和网络动态配置功能，自愈能力极强。当设备或系统发生故障时，能迅速恢复业务，从而提高了网络的可靠性，降低了维护费用。

7）强大的网络管理能力。SDH 的帧结构中有丰富的开销比特（大约占信号的 5%），因而网络运行、管理和维护能力都大大加强。

综合上述特点，SDH 最核心的特点是同步复用、标准的光接口及强大的网管能力。

3. 基于 SDH 的 MSTP

MSTP（Multi-Service Transfer Platform，基于 SDH 的多业务传送平台）是指基于 SDH 平台同时实现 TDM、ATM、以太网等业务接入、处理和传送，提供统一网管的多业务节点。

MSTP 继承了 SDH 技术的诸多优点：支持多种物理接口；支持多种协议；支持多种光纤传输；提供集成的数字交叉连接交换；支持动态带宽分配；链路的高效建立能力；提供综合网络管理功能。

4. OTN 技术

（1）OTN 概念　光传送网（Optical Transport Network，OTN）是以波分复用技术为基础、在光层组织网络的传送网，OTN 综合了 SDH 的优点和 DWDM（密集波分复用）的带宽可扩展性，集传送和交换能力于一体，是承载宽带 IP 业务的理想平台，是下一代的骨干传送网。

O：光学的（Optical），采用光纤作为传输介质，子网内可以以全光形式传输，而在子网的边界处采用光-电-光转换。

T：传输（Transport），基于物理层，完全透明地以高可用性传输各种类型的信息。

N：网络（Network），光纤架构，可建于可跨越任何距离的未来网络基础设施之上。

OTN 是由节点以及联系不同节点的双光纤环所组成的，如图 2-4 所示。节点由网络卡（BORA 卡）、接口卡和其他功能模块构成。网络卡主要用来接入 OTN，同时管理本节点，接口卡提供用户接入 OTN 的通道。在双光纤环路内，时分复用（TDM）帧连续地相向环绕，这些帧提供了节点之间的通信。

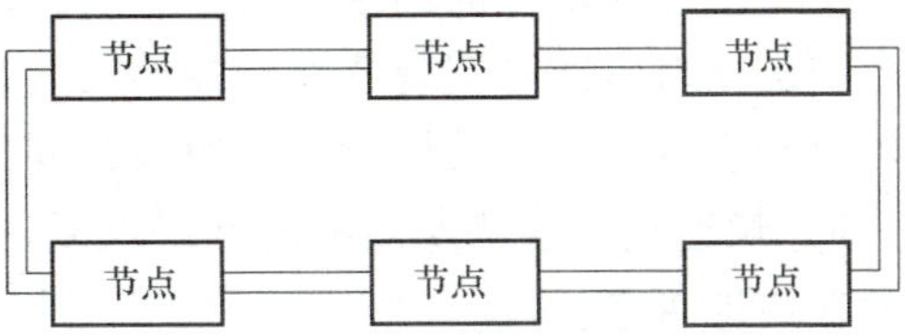

图 2-4　OTN 双光纤环结构

OTN 系统通过光纤将分布在各个车站的节点相连，各站的各类信号通过各种不同类型的接口卡接入节点，转换成数据流，再通过背板传到网络卡，进行信号的复合，然后进行电/光转换，在网络上以光信号传输，相应节点的网络卡收到信号后，先经光/电转换，重新分解数据，在接口卡还原为各设备信号，引出接至相应设备，从而完成了各类数据透明传输的功能。

在当今这个“信息时代”，各种新技术、新产品不断涌现，用户的需求也会随着时代的发展不断地增加，这时，只需简单地在开放传输网络系统上添加相应的接口模块，即可满足用户的各种需求，避免了重复建设，从而最大限度地保护了投资者的利益。

相对于单一地传送语音、数据、压缩视频信息的网络，单一的 LAN 以及目前使用的传统数字传送系统，开放传输网络系统具有许多明显的优势：更高的经济性，不同的业务可以共享设备与光纤；更易适应各种环境，充分保护已有的设备投资；能充分利用 LAN 的带宽，优越于其他广域网互联解决方案；透明地传输信息，不受高层协议的影响；更轻松简易的通信配线，因此能轻松地实现维护和管理工作。

（2）OTN 特点　OTN 系统结构简单易用，具有丰富的灵活性和可用性，提供最灵活和简单的网络升级、扩容和系统重新配置等优点。总括来说，OTN 系统具有以下特点：

1）最大网络可用性。系统不可用性被限制到最低程度，因为在出错情况下（即使在双重错误情况下）环网可自动恢复。重置时间如此短暂，以至于重新配置环时，连电话也不会中断。网络的扩容、调整或修复期间，网络仍可工作。

2）直接网络接入及其保证带宽。OTN 保证任何时候都可直接访问网络，避免了很长的网络访问时间并使实时应用成为可能。每个应用程序均具有自己的虚拟连接，因为主干网传输容量以半永久连接方式分配，这意味着该应用能够始终使用分配到的带宽，而与网络中运行的其他应用程序无关。

对于用于实时通信的固定带宽（固定比特率）和基于分组的以太网通信，OTN 提供了两者的最佳混合。

3）可靠的通信。OTN 使用光纤作为传输介质，具有传统的铜芯导线所无法比拟的诸多优点。具有良好的抗电磁干扰（如发射器和雷达信号造成的中断、设备起动大电流、邻近电缆以及高压电缆等所产生的干扰）性能，这保证了在办公室和工业环境都能进行可靠的通信。

4）样化接口卡。OTN 提供极其广泛的接口卡，用于各种不同的应用场合，从而省去了各种各样的传输设备，如协议转换器及转换设备。

5）网络的广阔地域覆盖。OTN 可覆盖非常远的距离，达 1000km 或更远。

6）灵活的系统。高容量的带宽使对各种高低速率业务的复用成为可能。只需为新的应用添加接口卡，并分配相应带宽即可。

由于采用模块化的网络结构，网络扩展极其简单。如果有空闲的接口槽位，插入一个或多个新的接口卡即可实现节点功能扩展。在环中加入新节点即可扩容网络。一旦环中断，网络可自动恢复，因此可继续维持原设备间的通信。

7）快速错误检测及简易的网络恢复。环运作和接口卡故障大部分在中心告警，也有一部分在本地告警。

随着国内外通信技术的不断发展，OTN 设备传送带宽容量大，具备智能化、能承载大颗粒的 TDM、IP 通信业务。

四、传输系统网络拓扑

传输网络的拓扑结构包括两方面的内容：逻辑拓扑和物理拓扑。网络的逻辑拓扑描述的是信息流在网络中流通的路径，网络的物理拓扑描述的是节点及连接节点的传输介质的实际分布及连接方式。

1. 传输网络的逻辑拓扑

传输网络的首选逻辑拓扑是双环结构，因为这种拓扑结构提供了在故障情况下更好的系统恢复能力。当传输网络设置为双环结构时，系统的传输环路是闭合的，一旦闭合的传输环路在某种情况下出现开路状态，就会立即采取回环的方式对此事件做出反应，使信息流避开故障点，并就故障信息自动向系统提交报告。

双环路的逻辑拓扑能保证高质量的服务，可为用户提供高度可靠、高度有效的网络。采用双环路逻辑拓扑的系统拥有良好的故障回避机制。

2. 网络的物理拓扑结构

一种形式的逻辑拓扑结构能够由多种形式的物理拓扑结构来实现。例如点对点型、星形、环形及总线型等。这些拓扑结构是简单的，它们遵循标准的安装惯例并且可以根据需要灵活地搭配使用。

采取何种形式的物理拓扑结构由整个网络的实用性及所需成本决定。以下分别介绍4种物理拓扑结构。

（1）物理的星形拓扑结构　物理的星形拓扑结构是非常形象的，以中心节点为中心，其他节点用电/光缆以放射状与中心节点相连，如图2-5所示。采用OTN网络的传输网络在中心节点处常常会配置一个光缆配线架，在这个光缆配线架上，任一节点的接收光纤总是连接到另一节点的发送光纤。这种拓扑结构允许用户使用已有的电缆、电缆盘、电缆管道。但是，与环形的拓扑结构相比较，星形的拓扑结构需要更多的设备来安装，由此会带来更高的成本，而且，受地理环境的影响较大。

（2）物理的环形拓扑结构　物理的环形拓扑结构的安装所需电缆较物理的星形拓扑结构要少，同时，采用双环路结构的环形网络在故障发生时会自动地在两个环路中选择路由完整的路径传送信息流。环形网应用得较广泛，如校园网、铁路、机场等，如图2-6所示。

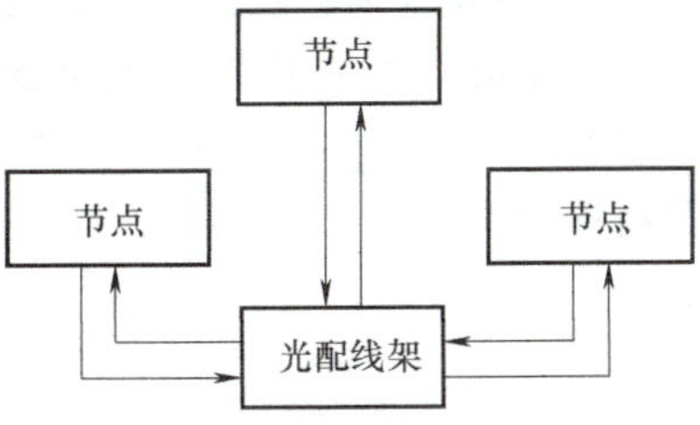

图2-5　物理的星形拓扑结构

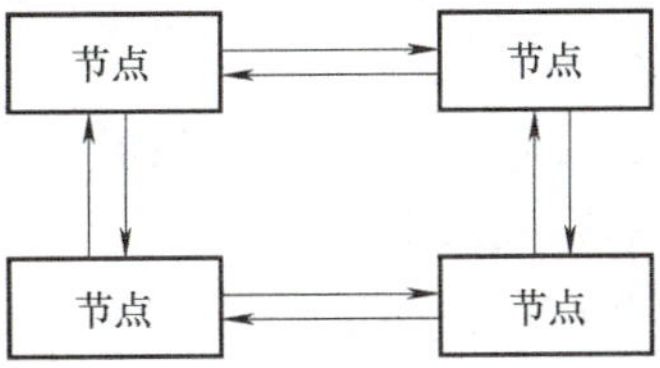

图2-6　物理的环形拓扑结构

（3）物理的点对点型拓扑结构　物理的点对点型拓扑结构采用两个环路连接，并且其中任意一个环路是作为备用环路存在。这种拓扑结构具有与物理的环形拓扑结构相同的容错能力，如图2-7所示。

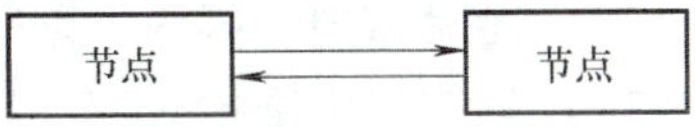

图2-7　物理的点对点型拓扑结构

五、传输系统的功能

传输系统具有集中维护管理功能，采用简明、直观的维护管理界面和系统安全机制，监视每个传输节点主要模块和用户接口模块的工作状态，可提供声光报警和打印告警数据；在控制中心配置网管设备，提供完善的网络管理系统。

传输系统的光纤环路具有双环路功能。当主环路出现故障时，能够自动切换到备用环路上，保证系统不中断，切换时不影响正常使用。当主、备用光纤环路的线路在某一点同时出现故障时，两端的网络设备自动形成一条链状的网络。当某个网络节点设备出现故障时，除受故障影响的节点设备外，其他网络节点设备能保持正常工作。

课题三 公务电话系统

一、公务电话系统概述

公务电话系统相当于城市轨道交通系统的内部电话网，采用程控数字交换机组网，主要用于轨道交通系统内部各部门之间的电话联系，为线路的运营管理部门、维修部门及城市轨道交通公安部门的工作人员提供语音、数据、传真、可视图文、视频会议等通信服务。轨道交通公务电话系统能与民用公用电话网连接。在正常情况下，公务电话系统保证列车安全高效运行，为乘客提供高质量的出行服务；在异常情况下，当轨道交通专用电话系统（如调度电话系统）出现重大故障时，公务电话系统可以作为专用电话的应急通信手段。

城市轨道交通企业用户的电话号码分配方式有两种：一种方式是不与公网联系，号码可根据应用要求自行分配；另一种方式是与外网通过中继连接，需要电信局分配号码段，然后用户内部根据具体需求在此号码段中自行选择分配。

公务电话系统的功能包括：

1）提供传统的电话业务，以及用户终端业务，包括传真等。

2）具有等待提示、中继遇忙回叫、分机遇忙回叫、遇闲无应答回叫、内部缩位编号、强插、ISDN 业务、多方会议电话等功能。

3）具有识别用户数据、用户传真等非话业务的功能，以确保非话业务不被其他业务中断。

4）具有热线、呼出限制、呼入限制、闹钟、呼叫等待、呼叫转移、缩位拨号、追查恶意呼叫等功能。

5）可以直接呼叫“119”“110”和“120”等特服号码。

6）提供语音邮箱业务。

7）具有 ISDN 交换能力。

8）具有 IP 接入功能。

9）具有无线接入功能。

10）能对市内、国内、国际有权用户的通话进行计费。

11）具有集中维护管理、故障诊断、性能测试和话务统计等功能。

12）实现与其他交换机的互联互通。

二、公务电话交换网络的构成

公务电话交换网络的构成如图 2-8 所示，在控制中心设置软交换控制设备，车站、车辆段及停车场用户终端接入设备和软交换控制设备。在各车站设置用户终端接入设备，包括综合接入设备（IAD）、智能终端等。车辆段和停车场设置用户终端接入设备，包括综合接入设备（IAD）、接入网关（AG）、智能终端等。

通过传输系统的 10Mbit/s/100Mbit/s 接口和传输通道建立承载网，构建公务电话网。

控制中心中继网关通过 2Mbit/s 或 10Mbit/s/100Mbit/s 接口与无线集群通信和公众电话网连接。

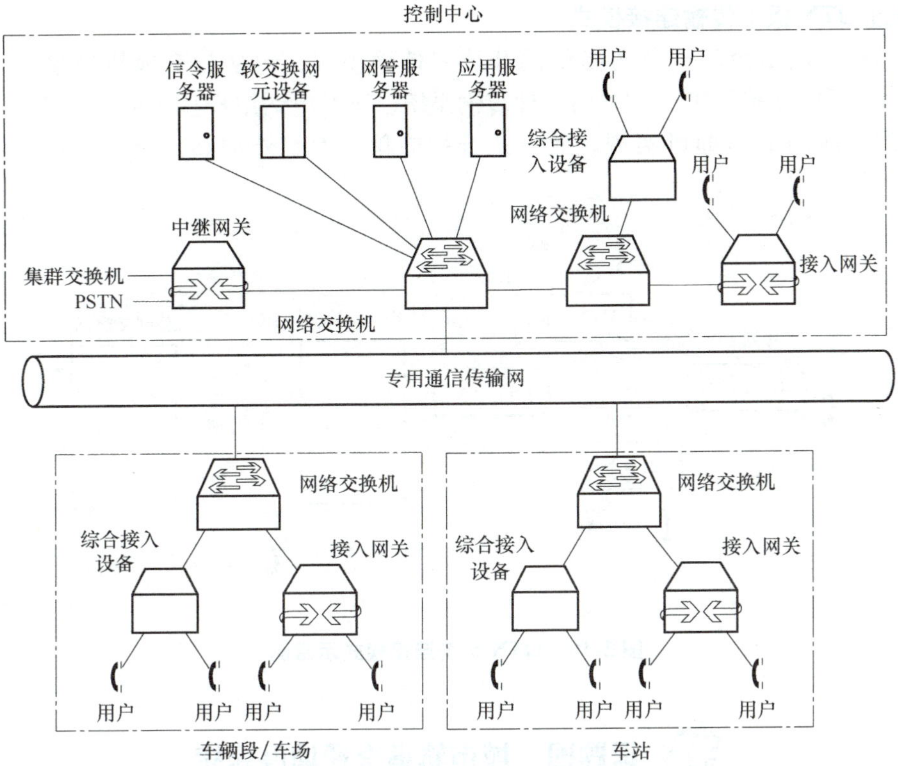

图 2-8 公务电话交换网络的构成

三、城市轨道交通组网模式

1. 通过远端模块与交换机相连模式

一般本地用户可直接与交换机相连，不需要外加设备。但对于轨道交通企业来说，公务电话系统服务于整个企业的沿线车站、段场、控制中心等，覆盖范围一般在几千米到几十千米。各车站一般采用加装远端模块的方式，如图 2-9 所示。通过 E1 中继链路将远端模块与交换机连接，车站电话再与远端模块相连。

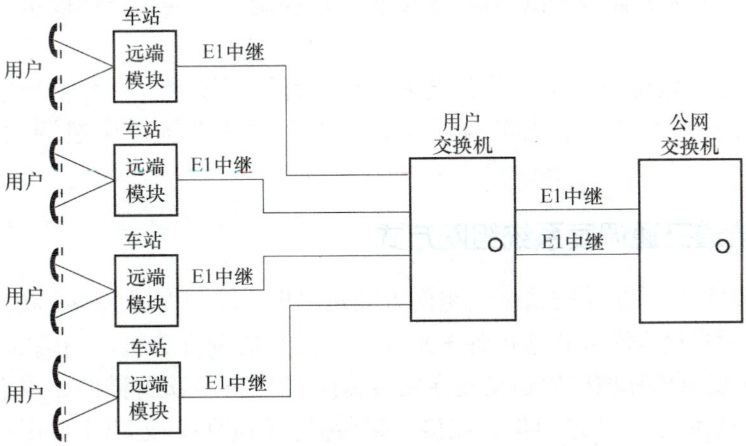

图 2-9 远端用户连接模式示意图

2. 通过 OTN 板卡传输连接模式

OTN 系统采用由西门子公司提供的开放式传输模式，包括与交换机连接的电话板卡 P 卡和与用户话机连接的 T 卡。利用这种传输系统，车站电话用户直接接入 T 卡，在交换机一侧连接到相应的 P 卡即可实现。此方式维护简单，无须外加其他设备。系统示意图如图 2-10 所示。

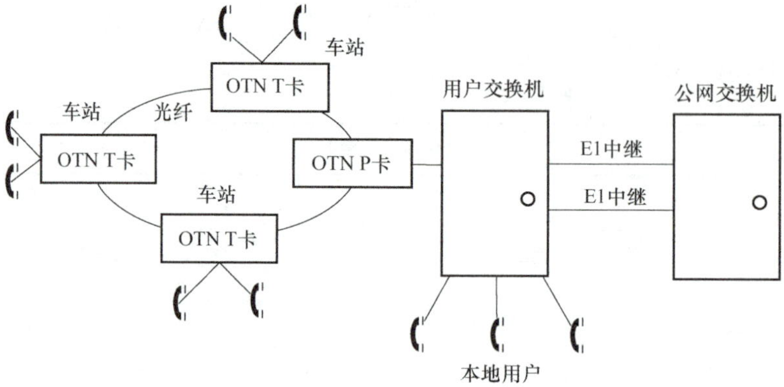

图 2-10 OTN 系统连接模式示意图

课题四 城市轨道交通调度系统

一、城市轨道交通调度系统概述

城市轨道交通调度系统主要为轨道交通运营及维修服务，是行车调度员和车站（车辆段）值班员指挥列车运行和维护人员指导使用人员操作设备的重要通信工具，是为列车运营、电力供应、日常维修、防灾救护提供指挥手段的专用有线通信系统。

调度系统由调度电话、站间行车电话、站内电话、站场电话四部分组成，为列车运行、调度指挥、设施维护等相关工作人员之间进行简捷联络提供有效、可靠、迅速的通信方式，并设置总调度员，协调和监视 OCC 行车调度员、环控调度员、维修调度员、电力调度员的控制操作。

在实际工程中，调度系统结合公务电话系统进行统筹设置，调度系统中的站内、站间及轨旁电话功能由公务电话系统实现。本节主要介绍城市轨道交通调度系统的组成和功能。

二、城市轨道交通调度系统组网方式

城市轨道交通调度系统用得最多的组网方案是单机无级调度通信网。在控制中心配置一台调度机，采用用户接入网方式连接各车站（车辆段）的调度分机。局端的 E1 接口，通过控制中心的 PCM 接口架和城市轨道交通专用传输网的 PCM 一次群链路，以点对点的方式连接各车站（段）的远端 PCM 接口架。该接口架所提供的 POST 或 2B + D 用户接口，连接各车站（段）的模拟或数字调度分机，如图 2-11 所示。

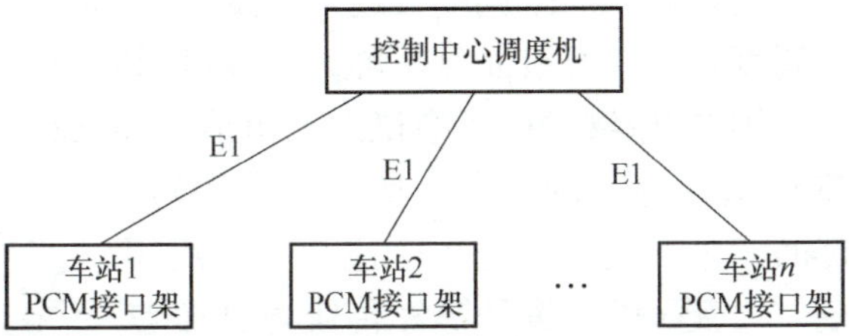

图 2-11　单机无级调度通信网

城市轨道交通中一般设置行车调度电话、电力调度电话、环控调度电话、维修调度电话和公安调度电话等。

(1) 行车调度电话　用于控制中心行车调度员与各车站、车辆段值班员及与行车业务直接有关的工作人员进行业务联络。

(2) 电力调度电话　用于控制中心电力调度员与主变电所、牵引变电所、降压变电所及其他地方需要热线通信的工作人员进行业务联络。

(3) 环控（防灾）调度电话　用于控制中心防灾值班员与各车站、车辆段防灾值班员之间进行联络。

(4) 维修调度电话　用于控制中心值班员与各车站、车辆段维修人员之间进行直接通信联络。

三、城市轨道交通调度系统设备组成

城市轨道交通调度系统包括调度总机、调度台和调度分机三部分，通过城市轨道交通通信传输系统或通信电缆连接组成调度电话网。

在控制中心安装有调度机或调度交换机作为调度总机，为调度人员提供专用的通信服务。各车站、车辆段设置各类调度电话分机，各类调度电话分机直接通过光传输系统与控制中心的调度交换机相连。实现控制中心对各车站、车辆段的调度指挥功能。调度台一般分为行车调度、电力调度、环控调度、维修调度和值班主任调度，各调度员对本系统的用户进行单呼、组呼、全呼、会议、强拆、强插等功能，同时可对通话进行录音。

1. 调度总机

调度总机是调度电话的核心，由具有交换功能的交换机组成，设置在控制中心，为调度人员提供专用的通信服务。

调度总机的硬件部分与程控交换机相同，由于所采用的软件不同，调度机和交换机在功能方面有很大的区别。程控交换机是为广大公众服务的，用户之间是平等的，而调度总机的服务对象是一个有严格上下级关系的群体；调度台在调度系统中处于核心地位，调度总机是为调度台服务的，而程控交换机的话务台只是完成来话转接；调度台在紧急情况下要求快速接通，调度总机的操作要求简单，如一键通等，而程控交换机需要一方一方地拨号呼出。

2. 调度台

调度台配置在控制中心，有传统的按键式调度台和基于 PC 屏幕的软调度台。

(1) 按键式调度台　按键式调度台一般通过 BRI（2B + D）接口接入调度机。它与调度机的最远距离可达到 5km，也可以利用专用传输网实现异地远端调度。有些调度台提供互相独立的双手柄，可有两个调度员共用一个调度台进行调度，可同时与两个用户通话或召开两个调度电话会议。按键式调度台配置有液晶显示屏，用以显示时间、引导操作提示、来话信息、通话信息、保留通话、用户/中继忙闲、会议发言申请、会议状态、左右手柄通话信息、键盘自检、系统信息和查询信息等。调度台一般具有热线键、拨号键和功能键。热线键的一个热线键对应一个用户、一组用户或全部用户，可以实现“一键通”。拨号键和传统电话号盘一样，当热线键损坏时可拨调度用户电话号码呼出用户，或用来拨外线电话号码。功能键的功能有通话保持、重拨、取消、免提、转移、强插、强拆、会议、轮呼和翻页等。按键式调度台如图 2-12 所示。

图 2-12 按键式调度台

（2）基于 PC 屏幕的软调度台 它是指在 PC 中加入调度台应用软件，外接扬声器和电话手柄等。软调度台改进软件和增加摄像头可以组成多媒体调度台，提供可视调度电话。

3. 调度分机

调度分机配置在车辆段和各车站，通常采用普通话机或数字话机。调度总机与分机间点对点连接，分机接到中心调度员的选叫时铃响，业务员拿起话机手柄按下送话按钮即可与调度员通话，分机呼叫总机时摘机后无需按键即可直接接通总机，分机设有单工通话按钮和紧急呼叫键。

四、城市轨道交通调度电话的功能

1. 控制中心调度台功能

调度台采用按键式结构。中心调度员选叫车站（段）值班员时能单呼、组呼、全呼。一键到位，操作简单，使用方便。呼出接通时有回铃音。行车调度及电力调度操作台能提供两套独立的通话方式：主话路（内置传声器和扬声器，称为免提式）和副话路（手柄）。调度台主话路具有自动静噪及防振鸣功能。

行车调度、电力调度、环控（防灾）调度、AFC 调度台上均配置外接传声器插孔，用于外接定向传声器，当不用外接传声器时可转换至内置传声器。中心各调度台具有台间联系的功能，同时保证台间联系的可靠。

车站（段）值班员呼叫中心调度员时能进行一般呼叫和紧急呼叫。呼入接通时有回铃音。车站（段）值班员呼叫中心调度员时，中心调度员的控制台振铃并能按顺序显示呼叫分系统（分机）号码及用户名。

用户呼叫正在通话的调度台时，调度台可显示该呼入的用户号，并具有回叫功能。紧急呼叫与正常呼叫在显示及铃声上有区分。调度分机呼叫调度台，按热线功能连接，一键即通，响应迅速。同一个调度电话系统内各调度分机间不允许通话，也不允许和其他调度电话系统的调度台所辖调度分机联系。

中心调度可同时召开 2 个会议（2 个 96 方），具备调度台一键召集固定成员电话会议和实时召集不同成员的临时会议的能力。会议进行中，中心调度员可随时增加和删除会议成员，并控制成员的发言权。其中行车调度员在会议进行中，增加和删除会议成员一键完成。

2. 车站、车辆段值班台功能

车站、车辆段值班台有三个使用功能：与站内、段内直通用户通话；根据具体需求与各车站值班员（设直通键）通话；作为行车调度分机的备用。

车站、车辆段值班台采用按键式（用户键 40 个，必要时按键可扩展）结构，值班台具有单呼、组呼和全呼通话功能。一键到位，操作简单，使用方便。值班台配置有功能键、选叫键、组呼键、液晶显示屏。以上各键配相应发光管以指示其工作状态并有相关按键说明的书写位置。

车站（段）值班台与车站（段）分（主）系统采用专用接口进行连接。多个不同号码分机在不同时间呼叫同一值班台时（同一时间只有一个呼叫产生），值班台可仅使用一个直通热键进行显示，如有多个扩音对讲终端，对应值班台显示仅为一个。

3. 车站、车辆段站内、站间电话及区间电话功能

站间电话具有紧急呼叫邻站及邻站呼入显示功能。站、段内电话分机可直接呼叫本站、段值班台。站间电话可直接呼叫上行或下行车站值班员（即呼即通功能）。站间电话不出现占线（优先级高于站内直通电话）或通道被其他用户占用等情况。站间电话有强插功能。

站间电话中继优先级顺序为控制中心汇接、站间环路中继、模拟中继。

调度分机具有 4 种铃声可供选择，并在振铃时有明显的灯光提示。

调度分机具有至少两种呼叫方式，一种为一般呼叫，另一种为紧急呼叫。两种呼叫方式，在中心调度台上亦有不同显示。调度分机呼叫调度台，按热线功能连接，采用摘机即通或一键即通方式。

摘机即通：调度分机摘机即直接呼叫调度台。

一键即通：调度分机摘机按呼叫键就可以直接呼叫调度台，同时还可以设置紧急呼叫键、调度分机紧急呼叫调度台。

一般呼叫时，控制中心调度台能按顺序在相应的用户键上有指示灯显示，并有振铃；紧急呼叫时，控制中心调度台上有不同于一般呼叫时指示灯的醒目显示，并具有与一般呼叫不同的振铃。

车站（段）值班操作台具有热键，其中一个键可以设置为一般呼叫控制中心调度员，另外一个为紧急呼叫控制中心调度员，两种呼叫在控制中心调度台上具有不同的声光指示，调度员可以马上分辨出是一般呼叫还是紧急呼叫。

当某一分机摘机呼叫调度台时，在调度台上有按键显示灯亮并同时伴有振铃，在此期间其他分机呼叫该调度台时，在调度台上也会有按键显示灯指示并听到振铃，此分机能听到回铃音，调度台根据具体情况接听，并具有回叫功能。

4. 车辆段电话广播功能

车辆段分系统设备能与广播机柜直接相连。车辆段的信号楼值班员或停车列检库值班员通过其操作台按键直接对库内的司机或其他流动人员进行广播和对话。库内的司机或其他流动人员可通过现场设置的扩音对讲终端与值班员进行对话或利用库内扬声器进行广播。

实训一　电话调度实训

一、认识城市轨道交通电话调度系统的组成和功能

1. 目标

1）掌握电话调度系统在城市轨道交通中的作用。

2）了解有线电话通信的基本工作原理。

2. 设备

程控交换机、控制中心和车站调度电话若干。

3. 实操内容

1）启动程控交换机。

2）在控制中心用调度电话呼叫某车站。

3）车站与车站间用调度电话进行呼叫。

二、公务电话数字程控交换机故障紧急处理程序

1. 目标

1）掌握数字程控交换机故障紧急处理程序。

2）了解公务电话交换系统的构成。

2. 设备

程控交换机、控制中心和车站调度电话若干。

3. 实操内容

（1）认识安全措施的重要性

1）穿戴齐全，个人工具配备齐全，专用工器具完好。

2）取备品备件时，注意轻拿轻放，不得使单板电子器件接触其他金属物质，以防单板内部短路。

3）拔板卡前先释放身上的静电然后才能拔各种板卡。

4）进入设备房前将气体灭火装置置于手动位置。

（2）准备工具　测试电话一套、工具箱一套、万用表、线路测试仪、防静电手环、手电筒。

（3）应急处理步骤

1）OCC 控制中心调度员发现所有中心的所有公务电话不能拨打，向自动监控调度通报故障情况并采用备用通信方式进行调度工作。

2）自动监控部调度接 OCC 控制中心故障报告后应立即记下故障时间、地点、现象后，通知 OCC 控制中心通信值班人员处理，并建立故障单。

3）OCC 控制中心通信值班人员接报后应在“值班日志”上记录下列内容：故障发生时间、故障发生地点、故障现象、影响范围、接到调度通知的时间，同时通过交换机各单板的指示灯状态进行故障分析。如判断为设备出现重大故障，立即向调度汇报，向 OCC 控制中心调度员说明情况并办理设备停用手续，进行抢险工作准备。

4）调度接报后，应做好记录并将故障情况向各级领导、相关专业工程师、电话工班长

通报，马上按领导指示启动抢险预案，组织故障抢险。

5）主管（专业）工程师、电话工班长接到抢险通知后，应立即通知工班抢险队员并采用最快捷的交通工具赶赴故障现场组织抢险工作。

6）电话工班抢险人员接抢险通知后，应采用最快捷的交通工具迅速赶往现场准备好相关的劳保用品、工器具、备品备件并运送至通信机房和 OCC 控制中心通信机械室。

7）车间主任/副主任、主管（专业）工程师、电话工班长及抢险人员到达故障现场后，迅速开展抢险作业。

8）如抢险队到现场 40min 后尚不能恢复设备正常使用，应及时向自动监控部调度汇报，请求上级支援。

单元小结

本单元首先介绍了有线电话基本原理、电话通信网的组成、程控交换技术；还介绍了城市轨道交通传输系统的传输介质，详细介绍了 WDM、SDH、MSTP、OTN 等传输技术；对公务电话系统和城市轨道交通调度系统设备组成和功能进行了详细介绍，调度电话系统包括调度总机、调度台和调度分机三部分，通过城市轨道交通通信传输系统或通信电缆连接组成调度电话网。

复习思考题

一、填空题

1. 电话通信网由__________、__________和__________三部分组成。

2. 传输线路设施包括__________、__________和__________。

3. 传输系统具备整个城市轨道交通网络__________所需的各种业务。

4. 城市轨道交通通信传输系统的传输介质有__________、__________和__________。

5. 城市轨道交通中一般设置__________、__________、电力调度电话、环控调度电话和公安调度电话等。

二、判断题

1. 程控交换机按交换方式可分为集中控制、分级控制、全分散控制三种方式。（　　）

2. 由于光在光导纤维的传导损耗比电在电线传导的损耗低得多，光纤被用作长距离的信息传递。（　　）

3. 公务电话系统主要用于轨道交通系统内部各部门之间的电话联系。（　　）

4. 城市轨道交通调度电话系统包括调度总机和调度分机两部分。（　　）

5. 车站（段）值班员呼叫中心调度员时能进行一般呼叫和紧急呼叫。（　　）

三、选择题

1. 程控交换机按交换方式可分为三种，以下哪一种不是程控交换机的交换方式（　　）。

A. 电路交换　　B. 报文交换　　C. 分组交换　　D. 模拟交换

2. 传输系统承载的信息有（　　）。

A. 语言和文字　　B. 数据　　C. 图像　　D. 以上都是

3. 基带电缆用于数字传输时，数据传输速率可达（　　）Mbit/s。

A. 1　　B. 10　　C. 100　　D. 1000

4. 以下哪项不是光纤的优点（　　）。

A. 频带宽　　B. 损耗高　　C. 抗干扰能力强　　D. 重量轻

5. （　　）用于控制中心行车调度员与各车站、车辆段值班员及与行车业务直接有关的工作人员进行业务联络。

A. 行车调度电话　　B. 电力调度电话

C. 环控（防灾）调度电话　　D. 维修调度电话

四、问答题

1. 双绞线与同轴电缆各有哪些特点？
2. 光纤的基本分类有哪些？
3. 光缆有哪几种？各有什么特点？
4. 在应用中如何选择传输介质？
5. 城市轨道交通传输系统有哪几种组网模式？各有什么特点？
6. 城市轨道交通传输技术有哪几种？
7. SDH 技术的主要特点是什么？
8. OTN 系统的特点是什么？

03

单元三　集群系统

【学习目标】

1. 了解移动通信的一般概念。
2. 理解无线集群系统的基本理论。
3. 掌握无线集群系统在轨道交通系统中的应用。

集群系统是一种用于集团调度指挥通信的移动通信系统，主要应用在专业移动通信领域。

城轨通信系统中包含了有线与无线两类调度指挥系统，其中的无线调度系统亦称为无线集群通信系统。在城轨通信中，无线集群通信发挥了十分重要的作用，是地面调度人员与司机之间唯一的可靠通信手段，同时也是调度与移动作业、抢险人员以及移动作业、抢险人员之间实现通信的重要手段。无线集群通信系统在保证行车安全及处理紧急突发事件方面有着不可替代的作用。

课题一　移动通信原理

当今的社会已经成为一个高度信息化的社会，信息化也成了世界和社会发展的重要主题之一。作为信息交互的重要组成，通信越来越被人们关注。理想的通信目标是在任何时候、在任何地方、与任何人都能及时沟通联系，以及信息交流。显然，没有移动通信，这种愿望是无法实现的。因此，移动通信也就成了现代通信领域中至关重要的一部分。

移动通信一般是指通信双方至少有一方在移动的情况下进行的信息传输和交换。同时，它也包括通信用户的位置存在变化，但通信过程中用户不处于运行状态的情况。现代的移动通信技术是一门发展极为迅速的、复杂的前沿技术，其中包括了无线通信和有线通信的最新技术成果，同时也含有网络技术和计算机技术的许多成果。

一、无线通信基础知识

1. 无线通信的概念

无线通信（Wireless Communication）是利用电磁波的辐射和传播，经过自由空间传送信息的通信方式，也称为无线电通信。利用无线通信可以传送语音、数据、图像等信息，可实现电话、电报、广播及电视节目等通信业务。

2. 无线通信的频率波段应用

无线通信是利用电磁波在空中传播信息的通信方式。电磁波在发送端由发射天线向外辐射出去，在大气中随着电磁场的作用，将辐射的能量传播至远方，接收端通过接收天线将电磁波转换为电信号，送到后续处理单元。

地球大气层在地球引力作用下，气体密度随离地面高度的增加而变得越来越稀薄，分为不同的空间层。由于各空间层环境条件不同，从地面上发射的电磁波因其频率、传播状态的不同，分为地波（或地面波）、天波、空间波等传播方式。不同频段的电磁波采用的传播方式及各自用途各有不同。

为了各行各业更好地应用无线通信的频谱资源，国家无线电管理委员会对无线频谱资源进行了统一规划，参见表 1-1。

二、移动通信基础知识

1. 移动通信概念

移动通信是指通信双方或至少有一方在移动中进行信息传输和交换。这包括移动体（车辆、船舶、飞机或行人）和移动体之间的通信，移动体和固定点（固定无线电台或有线用户）之间的通信。

2. 移动通信的通信方式

移动通信的通信方式可分为单向通信（广播式）和双向通信（应答式）两大类，而后者又可分为单工通信、双工通信和半双工通信三种形式。

关于单工通信、双工通信和半双工通信的介绍，详见单元一的课题二。

3. 移动通信的分类

（1）按活动范围分

1）陆地移动通信系统，又称公用陆地移动通信网（Public Local Mobile Network，PLMN）。

2）海上移动通信系统：海上船只、岛屿之间。

3）航空移动通信系统：卫星、飞机之间。

（2）按服务对象分

1）公用网：PLMN，由国家规定。

2）专用网：只适合于专门的部分网络（如校园电话网）。

（3）按提供的服务类型分

1）移动电话系统。

2）无线寻呼系统。

3）集群调度系统。

4）无线对讲系统。

5）卫星移动通信系统。

（4）按技术体制分

1）模拟移动通信系统。

2）数字移动通信系统。

目前以数字移动技术的发展最为迅速，应用最为广泛。图 3-1、图 3-2 为模拟移动和数字移动通信系统模型。

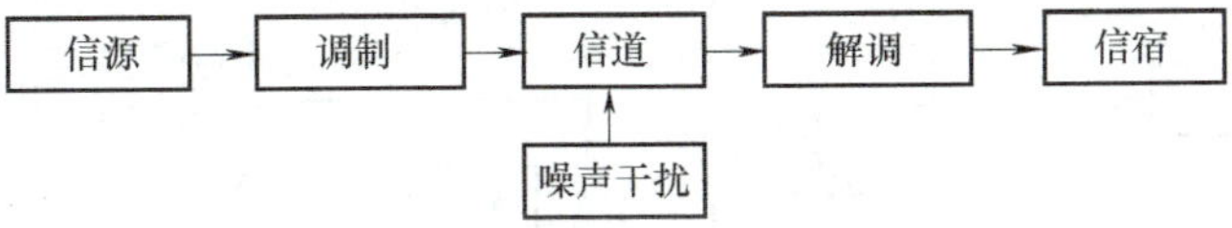

图 3-1　模拟移动通信系统模型

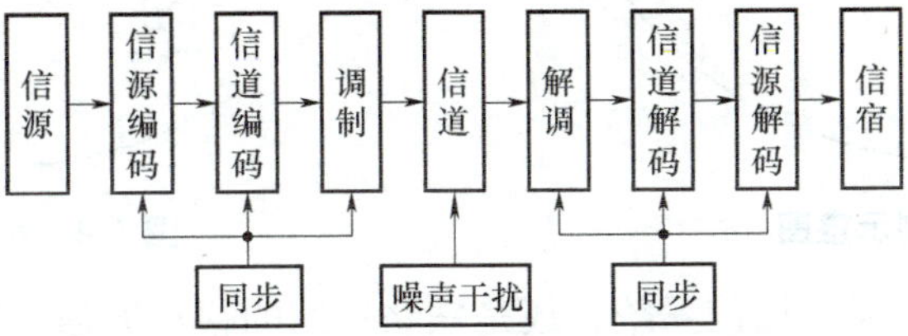

图 3-2　数字移动通信系统模型

三、移动通信的关键技术

1. 蜂窝技术

早期移动通信系统主要是通过使用安装在高塔上、单个的大功率发射机来获得大面积的覆盖。虽然这种方式能获得很好的覆盖，但同时意味着在系统中不能重复使用相同的频率，因为一旦重复使用相同频率将导致信号之间的干扰，因此系统容量较小。例如，20 世纪 70 年代，纽约的贝尔移动通信系统最多支持 1000 平方英里（约 2590km^2）内的 12 个用户同时呼叫。因此，人们认识到要调整移动通信的覆盖方式，使其在很好地完成区域覆盖的前提下，能用有限的无线频率获得较大的用户容量。蜂窝的概念就是在这种情况下引入到移动通信领域的。

移动通信中的区域覆盖方式概括来说主要包括两种：大区制和小区制。

所谓大区制，是指在一个比较大的区域中，只用一个基站覆盖全地区的移动通信的覆盖方式。基站负责与区域内所有移动台的无线连接，如图 3-3 所示。大区制的服务半径通常为 20～50km，所以基站发射功率较大（100～200W），基站天线架设得很高（通常为几十米以上）。大区制的优点是网络结构简单、设备少、成本低；缺点是由于一个基站所能提供的频道数有限，因而容纳的用户数少，频率的利用率低。

所谓小区制，是指将整个服务区划分为若干个半径为 1～10km 的无线小区，每个小区设置一个基站，负责与小区内所有移动台的无线通信，各个基站通过移动业务交换中心相互联系，如图 3-4 所示。小区制的优点是运用频率复用技术，即相隔一定距离的小区可以使用相同的频率，从而提高频率利用率，且组网灵活，能容纳更多的用户；缺点是组网、网络管理和控制复杂，成本高。

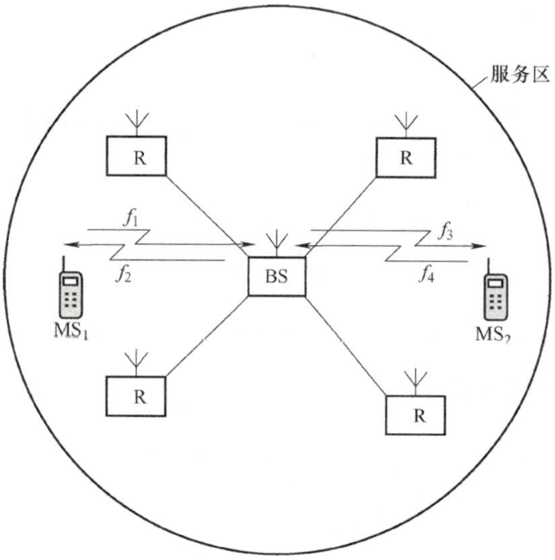

图 3-3 大区制示意图

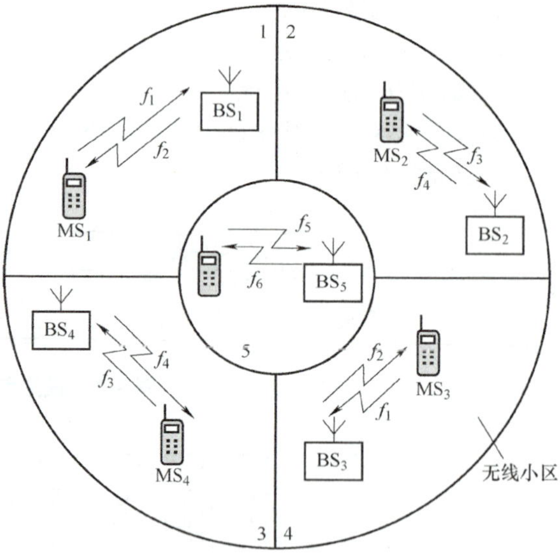

图 3-4 小区制示意图

目前，无论是公网的移动通信系统，还是铁路专用的移动通信系统，基本都采用小区制的覆盖方式。

关于小区形状的选择，通过理论论证，最终选用正六边形无线小区邻接构成整个网络是最经济的。因正六边形相互拼接酷似蜂窝，故将这种小区制移动通信网称为蜂窝网，这种小区称为蜂窝小区。使用这样的覆盖方式称为蜂窝技术，如图 3-5 所示。

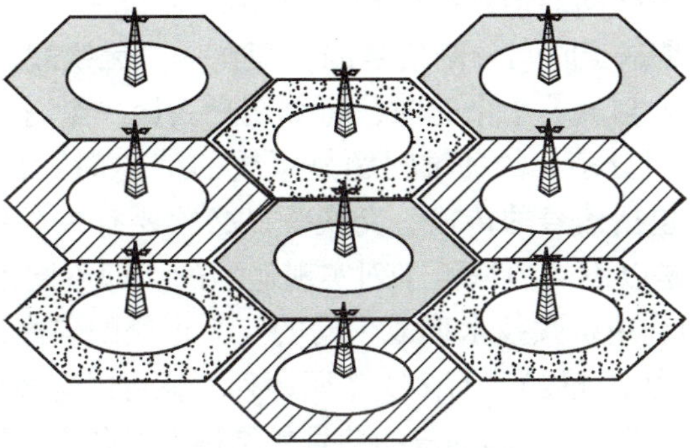

图 3-5 蜂窝概念示意图

在铁路、公路、城市轨道交通及狭长的水面上等呈带状的地区，往往采用线状覆盖的方式。线状覆盖使用的蜂窝基本原理与面状覆盖类似，只是在频率分配及重叠区问题上要单独考虑，如图 3-6 所示。

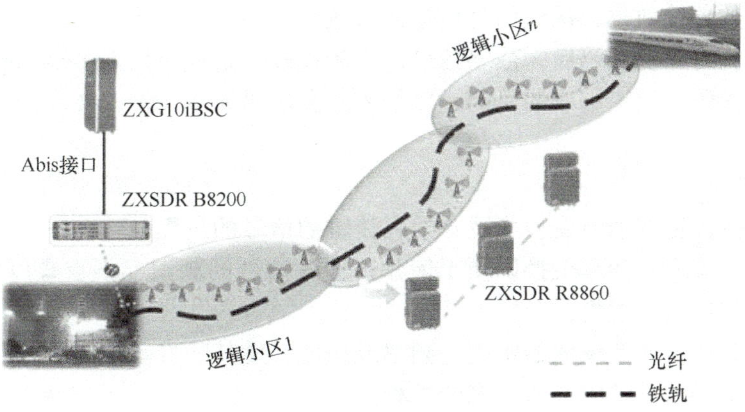

图 3-6 线状覆盖示意图

2. 多址技术

蜂窝移动通信是以不同的通信资源（频率、时间、编码方式等）来区分通信对象的。所谓多址，是指众多的用户之间通信地址识别的技术。多址技术主要有三种，即频分多址（FDMA）、时分多址（TDMA）和码分多址（CDMA），原理如图 3-7 所示。

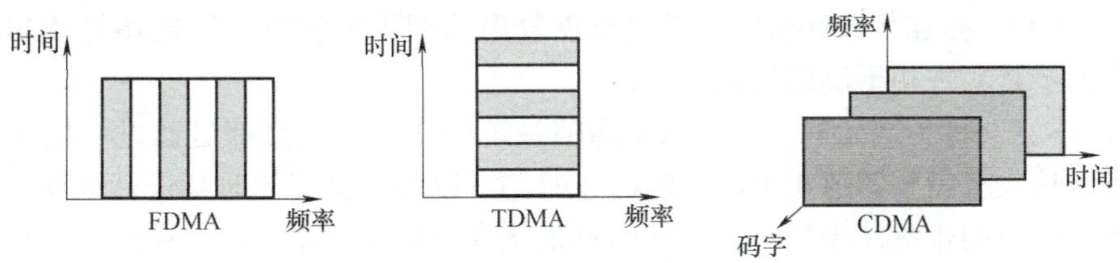

图 3-7 三种多址技术

频分多址（FDMA）是以不同的频率信道实现通信的，即把整个可分配的频谱划分为若干个频率信道（发射和接收载频对），每个用户占用一个信道完成通信。频分多址是一种最基本的多址方式，任何一个移动通信系统中都有应用。

时分多址（TDMA）是基于时间分割信号的，即在一个无线载波上，把时间等间隔分割成周期性的帧，每一帧再分割成若干个时隙，每个用户占用一个时隙，用户只在这一指定的时隙内收（或发）信号。时分多址的关键问题是系统的“定时”问题。要保证整个时分多址系统有条不紊地工作，包括信号的传输、交换等，必须要有一个统一的时间基准。

码分多址（CDMA）是以不同的编码序列实现通信的，即不同用户用各自不同的编码序列（扩频码）来区分。即利用扩频技术形成不同的互为正交的码序列（扩频码），每个用户分配一个码序列（也可称为地址码），有多少个码序列，就可以有多少个用户同时在一个载波上进行通信。在码分多址系统中，不同用户的信号的结构上可各不相同，由于其采用的扩频码的正交性，不同用户的信号可在频率、时间和空间上有所重叠，从而使系统的容量大大增加。

3. 编码技术

移动通信中的编码技术包括信源编码和信道编码两大部分。

信源编码是指将信源发出的模拟信号数字化并减少原始信息的冗余度，对数据进行压缩编码，即在保证不失真或允许一定失真的条件下用尽可能少的符号来传送信息。信源编码的目的是提高信息的传输效率，保证信息传输的有效性。

信道编码是指将信源编码后的数字信号，人为地按一定规律加入多余的码字以使接收端可以发现和纠正误码。信道编码的目的是以加入多余的码元为代价，换取信息码元在传输中可靠性的提高。

4. 调制技术

调制是指把要传输的信号变换成适合信道传输的信号的过程。

调制的目的主要有：频率变换以便于传输；让各信号的频谱互不重叠以实现信道复用；改善系统性能，提高抗干扰性。

调制的实现是通过改变载波的幅度、频率或相位，使其随着基带信号的变化而变化，而解调则是将基带信号从载波中提取出来的过程。

5. 同步技术

数字通信的同步是指发送、接收两端的数码率及各种定时标志具有一致的步调，不仅要求频率相同，而且要求相位一致。发送端和接收端在时间上的同步是正确接收、识别信息的重要保证。

按照同步的功用来区分，可分为载波同步、位同步（码元同步）、帧同步（群同步）和网同步。

1）载波同步：指在相关解调时，接收端恢复出的相干载波应与发送端的调制载波同频同相。载波同步是实现相干解调的先决条件。

2）位同步：又称为码元同步。在数字通信系统中，任何消息都是通过一连串码元序列传送的，所以接收时需要知道每个码元的起止时刻，以便在恰当的时刻进行取样判决。接收端必须提供一个位同步脉冲序列，该序列的重复频率与码元速率相同，相位与最佳取样判决时刻一致。把提取这种定时脉冲序列的过程称为位同步。

3）帧同步：又称为群同步，是指接收端每帧的起止时间与发送端一致。

4）网同步：当通信是在两点之间进行时，完成了载波同步、位同步、帧同步之后，就可以进行可靠的通信了。但是移动通信系统要在许多用户之间实现相互连接，从而构成庞大的网络。为了保证网络中各点之间能可靠地通信，必须在网内建立一个统一的时间标准，称为网同步。

6. 切换技术

对移动终端的移动性管理，是移动通信的重要特征之一。在移动性管理的多项任务中，移动终端的越区切换是重中之重。

为了保证通信的连续性，正在通信的移动台从一个小区进入相邻的另一小区时，工作频道从一个无线频道上转换到另一个无线频道上，而通信不中断，这种技术称为越区切换技术，简称切换技术。

越区切换主要分三类：硬切换、软切换和接力切换。

所谓硬切换，是指先断开旧的连接，再建立新的连接，即“先断后连”。硬切换的信道利用率高，但在切换过程中有可能丢失信息。硬切换适用于频分多址（FDMA）和时分多址（TDMA）体制，例如GSM、TETRA系统等。

所谓软切换，是指在维持旧连接的同时先建立新连接，等新连接可靠建立后才中断旧连接，即“先连后断”。软切换的成功率高，适用于码分多址（CDMA）体制，例如CDMA系统。

所谓接力切换，是介于硬切换和软切换之间的一种新的切换方法。在切换过程中不是一下子中断和原来小区的上下行链接，而是保持和原来小区的下行业务链接，上行方向先换到目标小区，建立上行链接；然后再把下行链接也转到目标小区上。接力切换同时拥有硬切换的高信道利用率和软切换的高成功率，例如中国移动的3G网络TD－SCDMA系统。

四、移动通信的干扰

干扰是指在通信过程中发生的，导致有用信号接收质量下降、损害或阻碍通信的现象。移动通信的干扰主要有同频干扰、邻道干扰及互调干扰。

同频干扰是指与有用信号具有相同频率的无用信号或与有用信号具有不同频率，但频差不大，能进入同一接收机通带的无用信号产生的干扰。

邻道干扰是指相邻的或邻近频道的信号相互干扰。

互调干扰是指两个或多个信号作用在通信设备的非线性器件上，产生与有用信号频率相近的频率，从而对通信系统构成干扰的现象。

课题二　集群通信设台组网

集群通信系统产生于20世纪70年代，目前已广泛应用于军队、公安、司法、铁路、交通、水利、机场和港口等部门，城市轨道交通中亦使用了数字集群系统，用于列车调度和城轨各部门工作中的日常通信。

传统的专用业务移动通信系统指的是应用于某个行业或某个部门内以调度指挥为主要特征的移动通信系统。这种通信方式从其发展过程来看，从一对一对讲开始，到单信道一呼百应，再到进一步选呼系统，后来发展成多信道自动拨号系统，它们的主要特点在于信道是“专有”的。也就是说，通话过程中用户使用的频率是固定的，这就导致一旦用户选择了某信道，那么它的通话就只能在这一信道上，直至通话结束，如果这一信道已被其他用户占用，则它就不能选择其他空闲信道，从而出现阻塞。由此可见，传统的专用业务通信系统频率利用率低，而导致通信质量降低。

针对上述专用业务移动通信系统中存在的缺点，就产生了更高层次的专用业务移动通信形式——集群通信系统。

一、集群通信的概念及分类

1. 集群通信系统

集群通信系统是专用调度通信系统。专用指挥、调度通信是很早出现的一种通信方式，它是从一对一对讲机的形式、同频单工组网形式、异频单（双）工组网形式到单信道一呼百应以及进一步带选呼的系统，发展到多信道自动拨号系统。而近十年来，专用调度系统又向更高层次发展，成为多信道用户共享的调度系统，这种系统称为集群通信系统。

集群是“trunking”或“trunked”的中文翻译，英文本意为中继，为与“中继放大”的概念加以区分，翻译成集群。

追溯到它的产生，集群的概念是从有线电话通信中的“中继”概念而来。早在20世纪50年代初，美国一个无线电业余爱好者已经开始研究类似现在的集群通信系统。当时他以无线电代替有线电，将几个无线台拼凑在一起，在基地台采用人工转接或交换。从某种意义上讲，无线电集群通信是一个多信道通信系统，它自动共享若干信道，与普通多信道共用系统并无本质的区别，因此有人认为早在60年代移动通信就已经应用集群通信技术了。实际上，当时曾把“trunk”译为“中继系统”，但是又怕把“trunked”的中继和relay和repeater的中继和转发相混，所以在集群通信技术和系统进入我国后不久，有几位移动通信老专家认为把“trunking”或“trunked”意译为集群更为恰当，因为它本身就有集小群（组）为大群（组）的功能。这样就把“集群”定了下来，并一直沿用至今。

从“trunking”或“trunked”的含义来说，应该是“系统所具有的全部可用信道都可为系统的全体用户共用”，即系统内的任一用户想要和系统内另一用户通话，只要有空闲信道，他就可以在中心控制台的控制下，利用空闲信道进行通话。日本将这种技术称为“多信道接续”或“多信道切换”。

综上所述，集群通信系统是多个用户（部门、群体）共用一组无线信道，并动态地使用这些信道的专用移动通信系统，主要用于调度指挥通信。

2. 集群通信的特点

1）专网通信，主要应用于对调度指挥功能要求较高的企业和部门，如军队、公安、交通、电力、工矿等。

2）共用频率，把原来分配给各部门专用的频率加以集中，供所有用户共用，提高频率利用率。

3）共用设施，由于共用频率，就有可能将各家分建的控制中心和基站等设施集中合建，减少建设成本。

4）共享覆盖区，可将各家邻接覆盖的网络互连起来，从而形成更大的覆盖区域。

5）具有调度指挥功能，话务集中管理。

6）呼损率低，系统可用性和安全性高。

7）实时性高，呼叫建立时间短。

8）兼容有线通信，通过与有线交换机的连接，可实现移动台与有线电话之间的通信。

9）智能化、微机软件化，增加了系统功能。

集群移动通信系统与蜂窝移动通信系统的比较，见表3-1。

表3-1 集群移动通信系统与蜂窝移动通信系统的比较

类别	集群移动通信系统	蜂窝移动通信系统
用途	调度与指挥	无线通信
网络种类	专网为主，共用网为次	公众网
工作频段	我国以800MHz和350MHz频段为主，也有少量450MHz	800MHz、900MHz、1800MHz、2200MHz等频段
工作方式	单工、半双工，少量全双工	全双工
联网方式	以本网为主，可与PABX、PSTN连接	与市话互联，可在一地区、全国以及全球通信
系统功能	集群（群组）为主，有优先等级及其他功能	和市话一样，无特殊功能
用户	各行业（团体）、公、检、法、军队等	个人
用户承担费用	比蜂窝通信高	比集群通信低

3. 集群的分类

按照技术体制划分，集群通信系统可分为模拟集群通信系统和数字集群通信系统。

模拟集群通信系统是指在无线接口采用模拟调制方式进行通信的集群通信系统。由于发展时间较早，在技术上已相当成熟，但也存在一些不足的地方，如频率利用率低；所能提供的业务种类受限，即不能提供高速率的数据服务；保密性差，容易被窃听；移动设备成本高、体积大；网络管理控制存在一定问题等。

数字集群通信系统是指在无线接口采用数字调制方式进行通信的集群通信系统，它是在模拟集群系统基础上发展起来的，具有模拟集群系统的各种功能、用途，和模拟集群系统相比，数字集群系统的优点在于：

1）频谱利用率高。数字集群系统采用时分多址（TDMA）技术取代了模拟集群采用的频分多址（FDMA），可使一个载波上传输多路话音，大大提高了频谱的利用率。

2）抗干扰能力强。数字集群技术在信令、多址方式、话音编码、调制解调和信道控制等各个关键技术环节全面采用数字化处理，同时基于数字系统的特点结合同步技术、检错纠错技术以及分集技术等，使其具有很好的抗干扰能力。

3）保密性好。由于无线信号的传播是开放的，容易被监听，所以保密性问题一直是无线通信系统设计时需重点解决的问题。在模拟集群系统中，由于技术局限，保密问题难以解决。而数字集群系统利用目前已发展成熟的数字加密理论和算法，大大提高了通信中的保密程度。

4）提供多种业务服务。在模拟集群系统中，提供的业务种类比较单一，即语音通信服务。而数字集群通信系统由于采用数字化处理，除能传输数字语音信号外，还可以传输数据、图像等信息，丰富了业务种类。

5）网络管理更加灵活和有效。在模拟集群系统中，话音信号采用模拟信号传输，而用于管理和控制的信令是以数字信号方式传输的，由于两者的不一致，增加了网络管理与控制的难度。而数字集群系统由于用户传递的信息和控制信令都是数字信号，所以使控制信令的插入和提取都非常容易实现，进而使整个系统网络的管理更灵活、有效、方便。

二、信道分配及集群方式

1. 信道分配

在多信道移动电话系统中，当两用户间要完成一次通话时，按其需要分配给用户一对频率（信道），一直到他们通话完毕才把这一对频率释放给其他用户使用。但是实际上在这一次通话过程中，并非全部通话时间都在占用这一对频率，而是有相当多的时间是处于“暂停（等待）”状态。总的来说，频率的利用率小于50%，资源利用率低。

集群通信系统可动态分配信道。所谓动态分配信道是指在通话过程中，每按下一次PTT（Push To Talk，按键讲话）开关，就由基地台控制器分配一个频率（信道），松开PTT开关，就释放该信道。因此，在通话过程中信道并非固定不变，而是在动态变化的。显然，频率的利用率得到了很大的提高。

集群通信系统的信道分配主要有两种方式：

1）按需分配：用户发起呼叫，系统按其需要分配一条信道，用户通话中一直占用该信道，直到通话完毕，这种分配方式的信道利用率低，小于50%。

2）动态分配：在用户的通话过程中，每按下一次PTT开关，都会更换一次频率，这种分配方式大大提高了信道利用率。

2. 集群系统的集群方式

（1）消息集群（Message Trunking） 消息集群也称信息集群，是指甲、乙双方用户在通话期间，控制系统始终给用户分配一条固定的无线信道。从用户最后一次讲完话并松开PTT开关开始，系统将等待6～10s的“信道保留时间”后“脱网”，系统将该信道分配给别的用户使用；若在保留时间内，用户再次按下PTT开关继续通话，则双方仍在该信道上通话（保持原来的信道分配）。

这种集群方式采用按需分配信道。在6～10s的“信道保留时间”内，没有消息传输却仍要占用信道，可见其无线信道并未充分利用，频谱利用率不高。

（2）传输集群（Transmission Trunking） 传输集群也称发射集群，是指甲、乙双方用户以单工或半双工方式工作时，甲方按下PTT开关，就占用一个空闲信道工作。当甲方发完第一个消息并松开PTT开关时，就有一个“传输完毕”的信令送到基地台控制器，以指示该信道可再分配给其他用户使用；若乙方回话，按下PTT开关需重新占用空闲信道。

这种集群方式采用动态分配信道，即通话双方每次按下PTT开关所分配到的通话信道是随机的，没有一定规律，这样每一次完整的通话过程要分几次在几个不同的信道上完成。由于甲、乙双方用户在通话过程中的停顿及等待期间均不需占用无线信道，因此大大提高了频谱利用率。但由于每次PTT开关一松开原有信道就释放，若需补充或进一步完成通话还需重新排队寻找新的空闲信道，这样在“高峰”话务量期间有可能导致通话不连续和不完整。

（3）准传输集群（Quasi Transmission Trunking） 准传输集群也称准发射集群，是相对于传输集群而言的。它兼顾了消息集群和传输集群的优点，缩短了“信道保留时间”，而增加了用户每次发话完毕松开PTT开关后到释放信道的时间，具有短的“信道保留时间”

(0.5～6s)，又不会使消息中断。即在用户通话期间，若松开 PTT 开关不超过 0.5～6s，就始终占用一条固定的无线信道，若松开 PTT 开关超过 0.5～6s，则释放所占用信道，继续通话需重新占用空闲信道。可以说这种集群方式既提高了频率利用率又保证了通信的连续性。

三种集群方式性能比较：消息集群的信道利用率低，但它便于与有线电话网兼容，且消息集群的技术比较成熟，容易实现；传输集群主要应用于专用调度系统，通话是以单工或半双工方式进行的，由于通话过程中不断变换频率，所以起到了一定的保密作用，这种集群方式的信道利用率最高；准传输集群的特性介于两者之间，频率利用率高于消息集群方式而低于传输集群方式。

三、集群通信系统的控制方式

集群通信系统有两种控制方式：集中式控制方式和分散式控制方式。其中，前者亦称为专用信道控制方式，而后者亦称为分布控制方式或随路信令方式。

1. 集中式控制方式（专用信道控制方式）

集中式控制方式是指采用一条专用信道作为控制信道（亦称为信令信道，即专门用来传输信令信号的通道），并由集群通信系统的控制中心对系统内所有的信道进行集中控制和管理。

这种控制方式具有很多优点：

1）接续快。因为不需信道扫描，可以采用快速信令（如目前应用的系统信令速度为 3.6kbit/s，而快速信令速度可达 9.6kbit/s），所以，建立呼叫速度快、入网接续时间短。

2）功能设置相对较多。除具有一些专用功能外，还可以完成紧急呼叫、短数据传输、动态重组、防盗选择、无线电台禁用等。

3）连续分配信息更新，提高了通信可靠性。

4）能遇忙排队，自动回呼。

但采用这种控制方式，所有用户的入网接续都必须通过专用控制信道来完成，有可能会产生“碰撞”问题，即两个或两个以上移动用户在同一瞬间发送信令而引起争用信道的问题。

2. 分散式控制方式（分布控制方式、随路信令方式）

分散式控制方式不设专门的控制信道（信令信道），每个信道既可作为话务信道，又可作为信令信道。在这种系统中，基地台的每个转发器都有一个单独的智能控制器负责信道控制和信号转发，各转发器之间的信息交换是通过一条高速数据总线进行的，移动台可以在任何空闲信道上实现接入操作。

由于每个信道既要传输话音，又要传输信令，所以采用数字随路信令去调制低于话音频带 300Hz 以下的亚音频（如 150Hz），这样，就可与话音同时传输，不占用单独信道，也不会干扰话音信道的正常工作。

这种控制方式，由于移动台可预先获得可用信道，无需扫描，因而接入时间短。另外，由于每个信道独立完成信令交换，可在任何空闲信道上实现接入系统的操作，减少系统的交换负荷，提高可靠性。这种方式阻塞率低，等待时间短，可以发挥系统的最大效率。

两种控制方式各有其优缺点，也各有侧重使用的场合。集中控制方式系统功能齐全，便于自动化管理及满足特殊功能的需求，也便于将基本系统连接成大的区域网，因而更适合于话务负荷较重的大容量集群系统。而分散式控制方式的系统设备简单、成本低，更适合于移动用户相对较少的小容量集群系统。

四、集群通信系统的区域覆盖方式

和公众蜂窝移动通信系统类似，集群通信系统的区域覆盖方式分为大区制、中区制及小区制。

1. 大区制

大区制一般在一个服务区域（如一个城市）只设置一个基站，由基站负责整个区域内移动台的通信，对于信号薄弱地区可利用直放站（也称中继器）加大覆盖范围，若区域内话务量较大可配置较多的无线信道。例如在城轨系统的一条线路中，若集群系统采用大区制组网，可在一个车站设置基站，全线其他车站均设置直放站。

大区制的优点为不存在越区切换问题，工程造价低。其缺点为频率资源利用率低；系统可靠性较低，存在多径干扰的场点比较多；使用一个基站的载频数有限，使系统容量受到限制。

2. 中区制

中区制一般在一个服务区域内只设置少量基站，由基站负责各自覆盖区域内移动台的通信，利用直放站加大其覆盖范围，若区域内话务量较大可配置较多的频点。在采用中区制覆盖的集群通信系统中，非相邻基站的载频频率一般允许进行空间复用。例如在城轨系统的一条线路中，若集群系统采用中区制组网，可在线路中的少数几个车站设置基站，全线其他车站均设置直放站，基站与直放站之间的连接，可以采用同轴泄漏电缆或利用城轨传输网连接。

中区制的特点为频率资源利用率较高，越区切换频次相对较少，干扰较少，系统可靠性高，工程造价较低，系统扩容灵活、方便。

3. 小区制

小区制一般在一个服务区域内设置多个基站，每个基站负责各自覆盖区域内移动台的通信，直放站只用来消灭个别信号盲区。类似公众蜂窝移动通信网的组网方式，在城轨系统的一条线路中，若采用小区制组网，可在每一个车站设置基站，非相邻基站的载频频率允许进行空间复用。

小区制的特点为频率资源利用率高，干扰较少，系统可靠性高，系统容量较大且扩容灵活、易实现；但移动台的越区切换频次相对较多，工程成本相对较高。

由于近年来基站成本价格逐步下降，已与直放站价格接近，所以目前无线集群通信系统在实际应用中多采用小区制覆盖的组网方案。

4. 基站间的越区切换

在集群通信系统的小区制组网方式中，每个基站小区使用一组载频，邻近小区使用不同频率的载频，满足一定复用距离的非相邻小区可重复使用相同频率载频。当正在通信的移动用户离开一个小区进入另一个邻近小区时，为保证通信的连续性，需进行载频的切换，即进行越区切换。

越区切换发生在移动用户处于小区覆盖的边缘地带时，判断切换的准则一般有：

1）信号电平准则：比较移动台所接收到的原基站与邻近基站的信号电平，由系统判定是否切换。

2）载干比准则：比较移动台所接收到的原基站与邻近基站的载频电平、干扰电平的比值（信号质量），由系统决定是否切换。

在城市轨道交通系统中，若集群通信系统采用小区制或中区制的组网方案，车载台在列车运行过程中会经常进行越区切换。

五、集群通信系统的组成及组网方式

1. 集群通信系统的基本组成

一个集群通信系统一般由控制中心、基站、调度台及移动台几部分组成。以单基站系统为例，单基站系统是一个基本集群通信系统，只设一个控制中心和一个基站，其系统组成示意图如图 3-8 所示。

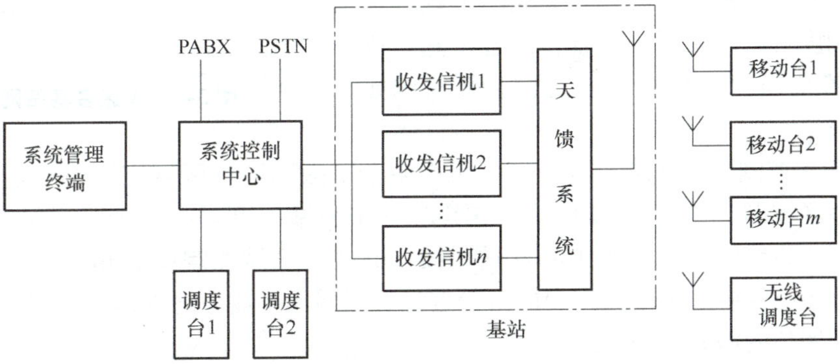

图 3-8　集群通信系统组成示意图

（1）控制中心　控制中心主要包括控制器、系统管理终端、交换矩阵、接口电路和电源等设备，它主要负责控制、管理整个集群通信系统的运行、交换和接续。另外控制中心与有线网 PABX、PSTN 相连接，可实现系统内用户与有线用户的通信。

系统控制器主要用来管理和控制整个集群系统的运行，包括选择和分配信道、监视话音信道安全、安排信令信道、监测系统运行和故障告警等。

系统管理终端主要由一台微机和系统管理软件组成，并和系统控制器相连。维护人员可以通过管理终端对系统进行管理控制。

（2）基站　基站由若干基本无线收发信机、天线共用器、天馈系统和电源等设备组成。它主要负责为用户提供可用的无线信道。系统所具有的全部可用无线信道可为系统的全体用户共用，系统内任一用户想要与系统内另一用户通话，只要有空闲信道，就可以在系统控制中心的控制下，利用该空闲信道进行通话。

天线共用器包括发信合路器和接收多路分路器；天馈系统包括接收天线、发射天线和馈线。

（3）调度台　调度台是能对移动台进行指挥、调度和管理的设备，分为有线调度台和无线调度台两种。有线调度台是一台配备相关软件的计算机操作终端；无线调度台由收发信机、控制单元、天馈台（或双工台）、电源和操作台组成。

（4）移动台　移动台是用于运行中或停留在某未定地点进行通信的用户台。它包括车载台、便携手持台，手持台有单工和双工两种。移动台由收发信机、控制单元、天馈台（或双工台）和电源组成。

2. 集群通信系统的组网方式

集群通信系统是专用指挥调度通信系统，它的用户数要比公用移动通信网的用户数少得多。从其发展进程来看，最早建立的基本系统是单区网，当覆盖范围扩大时，则在基本系统基础上增加基站；当用户增加，覆盖区域进一步扩大时，就发展成为以基本系统为基本模块，把基本模块叠加成多区的区域网。因此，集群系统有以下几种组网方式：

（1）单区单基站网络　单区单基站网络是一个基本集群通信系统，只设一个控制中心和一个基站。

（2）单区多基站网络　这种结构与上一种网络结构相似，设一个控制中心，只是设有多个基站，多个基站均受同一个控制中心管理。此时系统管理终端和有线调度台可使用同一设备，而各个基站负责其各自覆盖范围内的移动台的通信，其构成如图 3-9 所示。

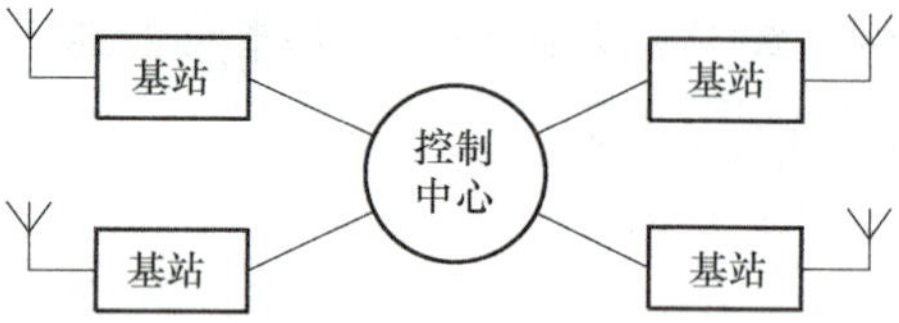

图 3-9　单区多基站网络

（3）多区多控制中心网络　这种结构是由多个单区网通过区域控制中心连接在一起构成的分级管理区域网，如图 3-10 所示。这样在一个地域中可以有多个不一定相邻接的区，各区设单区网。各单区网的控制中心通过无线或有线与区域控制中心相连并受其控制和管理。区域控制中心主要负责越区用户的身份登记、不同区间业务的管理、控制信道的分配和管理以及区间用户的漫游业务等。

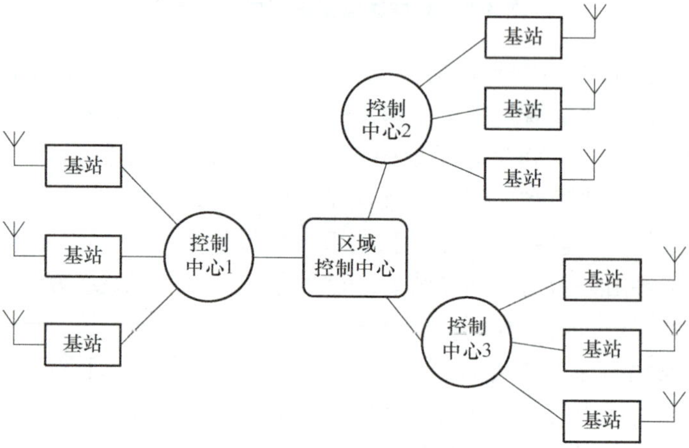

图 3-10　多区多控制中心网络

（4）多层次、多区、多控制中心网络　这种网络结构由区域控制中心、多个控制中心和多个基站组成而形成整个服务区。这种网络结构的基本单元为单基站（或多基站）和单控制中心，它构成基本区，并直接管理、控制、处理区内的用户业务，如图 3-11 所示。各控制中心将受其上一级的区域控制中心的控制及管理。区域控制中心与各基本区相连，负责基本区的用户业务，如用户越区登记、越区用户呼叫建立和对越区用户的控制管理及对基本区控制中心的管理和监控等。

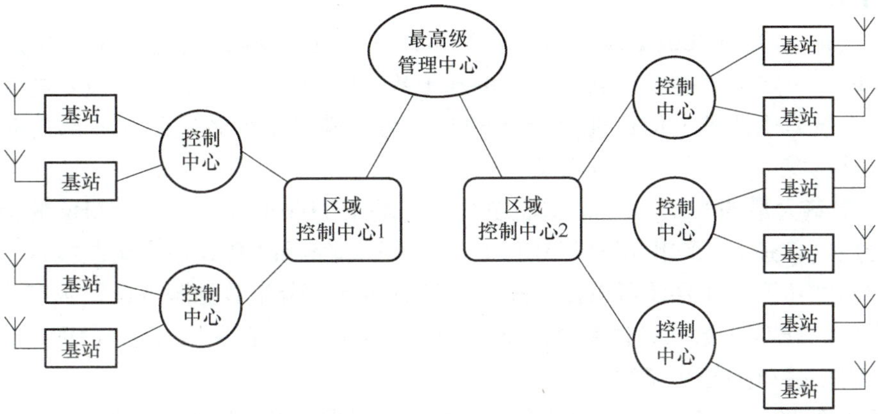

图 3-11 多层次、多区、多控制中心网络

最高级管理中心连接各区域控制中心，处理各区域间的越区用户登记、呼叫建立、控制管理，对各区域中心进行控制、管理和监控。

六、集群通信系统的工作流程

集群通信系统的工作是一个先“握手”（发送信令）后通信的过程，下面用一个最基本的话音呼叫过程来说明集群通信系统的工作流程。

1. 开机注册

移动用户开机后先搜索系统控制信道，通过控制信道在系统登记注册成为合法用户。所有移动用户在成功登记后都守候在控制信道上。

2. 呼叫请求

当移动用户需要建立通信时，通过按下按键发出呼叫请求信令，通过天馈系统、基站等设备上传到控制中心。

3. 信道分配

控制中心呼叫管理中心通过信令询问系统内信道和呼叫目的用户是否处于空闲状态。

4. 建立连接

如果系统有空闲信道且呼叫目的用户空闲，则控制中心呼叫管理中心通过指令分配一个话音信道建立连接，通信双方接到提示音进行话音通信。

5. 遇忙等候

如果系统内没有空闲信道，则控制中心呼叫管理中心，管理中心将呼叫请求编入等候队列（先进先出），并向请求呼叫方的用户发出忙音。一旦系统内有空闲信道，控制中心自动回叫排在等候队列的第一位用户，建立通信。

七、国内几种数字集群技术介绍

中国目前应用的数字集群技术主要有欧洲的 TETRA，美国的 iDEN，以及国内拥有自主知识产权的华为的 GT800、中兴的 GoTa 以及公安部的 PDT。下面分别对这几种数字集群技术进行介绍。

1. TETRA

TETRA（原为 Trans European Trunked Radio——泛欧集群无线电，现已改为 Terrestrial Trunked Radio——陆上集群无线电）是一种基于数字时分多址（TDMA）技术的专业移动通信系统。该系统是由欧洲电信标准协会（ESTI）为了满足欧洲各国的专业部门对移动通信的需要而设计的统一标准的开放性系统。

TETRA 借鉴大量的 GSM 系统的概念及技术，基于 TDMA 方式，在 25kHz 的带宽内又划分了 4 个时隙（信道），采用先进的 ACELP 语音编码技术和 QPSK 数字调制技术。它不仅提供多群组的调度功能，而且还可以提供短数据信息服务、分组数据服务以及数字化的全双工移动电话服务。TETRA 数字集群系统还支持功能强大的移动台脱网直通（DMO）方式，可实现鉴权、空中接口加密和端对端加密。

TETRA 系统的原工作频段是 400MHz，现已发展到 800MHz 频段。TETRA 系统除专网外，还努力向共网发展，欧洲 TETRA 共网工作在 400MHz 频段。

TETRA 系统在调度功能上是比较完善的，所以它非常适合应用在专网通信中，例如军队、武警、公共安全部门、城市轨道交通、大型企业等。

2. iDEN

iDEN（Integrated Digital Enhanced Network，集成数字增强型网络）是美国摩托罗拉公司研制和生产的一种数字集群通信网络。它工作在 800MHz 频段，采用 TDMA 制式，在 25kHz 的带宽上分成 6 个时隙（目前已开发出 25kHz 带宽上分成 12 个时隙），是集调度指挥、双工互连、分组数据传送于一体的数字集群系统。

iDEN 系统以调度功能为主，其基本调度功能包括单呼、组呼、通话提示、来电显示等。除此之外，还具备多优先级设置、紧急呼叫、区域限制、孤立站运行等功能，能满足专网通信的需求。

由于 iDEN 系统是由摩托罗拉公司独家生产制造的，接口没有公开，目前网络设备主要由摩托罗拉供应，因此系统设备采购、建网的成本相对较高。

3. GT800

GT800 系统是由华为公司自主研制的基于 GSM 技术的 800MHz 数字集群通信系统，拥有自主知识产权和大量的技术专利。该系统是基于 GPRS 和 GSM-R 技术开发的，其后续研发将与 TD-SCDMA 技术结合，是可持续发展的数字集群通信系统。

GT800 基于 TDMA 技术体制，面向国内数字集群市场的需求，尤其在快速呼叫、群组业务、优先级控制、安全保密和故障弱化等方面做了大量工作，能满足国内专网对无线集群调度功能的需求。GT800 的技术优势主要体现在以下几点：

（1）覆盖广　由于采用 TDMA 的技术体制，GT800 每个信道的发射功率恒定，覆盖距离仅受地形影响，能够在共享信道情况下实现广覆盖，在用户量增多的情况下，小区覆盖不受影响，各集团共享整个 GT800 网络覆盖服务区，真正体现 GT800 集群共网的广覆盖、广调度，充分利用频率资源的特性。

（2）一呼万应　GT800 继承了业界成熟的数字集群技术体制，实现了真正的信道共享，组内用户的数量不受限制，用户之间不会互相干扰，真正实现了一呼万应。

（3）动态信道分配　在话音间隙释放信道，讲话时才分配信道，大大地提高了系统组的容量，即使在容量负荷极限，也能够保证让高优先级用户顺利通话。

(4) 提供了可持续发展能力 基于 TDMA 制式的第一阶段的 GT800 系统，可以方便地向 TD-SCDMA 技术演进，进一步提供最高速率为 2Mbit/s 的数据业务。

4. GoTa

GoTa（Global Open Trunking Architecture，全球开放式集群架构）是由中兴公司自主研发的数字集群系统，也是世界上首个基于 CDMA 技术的数字集群系统，具有中国自主知识产权，具备快速接续和信道共享等数字集群公共特点。GoTa 作为一种共网技术，主要应用于共网集群市场，其主要特色在于更有利于运营商建设共网集群网络，其覆盖规模大、频谱利用率高，在业务性能和容量方面更能满足共网集群网络和业务应用的需要。

除了满足共网集群的需求外，GoTa 还能兼顾专网集群的应用。GoTa 可提供的集群业务包括：一对一的私密呼叫和一对多群组呼叫；系统寻呼、群组寻呼、子群组寻呼等特殊业务；对不同的话务群组进行分类，可分为永久型群组和临时型群组，用户可对其群组内成员进行管理。除此之外，GoTa 还具有相关增值业务，如短消息、定位、虚拟专网（VPN）等，这些业务能基本满足专网通信对调度指挥功能的需求。

5. PDT

PDT（Public Digital Trunking，警用数字集群）标准是具有我国自主知识产权的集群通信标准，可满足多数集群通信行业用户的需要。PDT 标准充分考虑了我国国情，对国际上的成熟标准技术（如 TETRA、P25、DMR 等）进行了借鉴及创新设计，遵循高性价比、安全保密、大区制、可扩展和向下兼容模拟系统的五大原则，有效地解决了多种应急通信网融合通信的问题。

PDT 标准由我国公安部牵头，海能达作为总体组组长并联合国内其他厂商共同制定。PDT 标准分为集群标准和常规标准两部分，并向下兼容 DMR 标准协议。PDT 联盟成员有海能达（Hytera）、优能、四川维德、广州维德、万格通讯、天立通、NTC 以及迅安网络系统等。

PDT 标准基于 TDMA 技术，将 12.5kHz 的带宽分为 2 个时隙（信道），采用 4FSK 调制技术，数据传输速率为 9.6kbit/s。在满足基本业务的同时，增加了同播、动态频率资源管理等创新功能，第二阶段标准将着眼于提升数据传输速率。

PDT 标准主要定位于公共安全、公共事业、工商业等专业用户群体，适用于警用通信。

课题三 城市轨道交通无线通信系统

城市轨道交通系统的安全高效运营，需要一个庞大且功能完善的通信网络为之服务，无线通信系统是其中必不可少的一个重要子系统，在日常行车调度、维修调度、防灾环控调度、车辆段调度和客流疏导等工作中发挥着重要作用，为控制中心调度员、车辆段调度员、车站值班员等固定用户与列车司机、防灾、维修、公安等移动用户之间提供通信手段。系统必须满足行车安全、应急抢险的需要，并考虑“互联互通”的需要。目前，城市轨道交通无线通信系统均采用 TETRA 数字集群通信系统组网，该系统在保证行车安全及处理紧急突发事故方面有着不可替代的作用，同时还能为各个部门提供便利的通信手段。

一、我国城市轨道交通专用无线通信技术发展概述

新中国成立前，我国没有城市轨道交通，直到20世纪60年代末、70年代初，北京才修建了第一条地下铁道，建设初期的指导思想是以战备疏散为主，兼顾城市交通。

北京城市轨道交通建设初期，受当时历史条件限制，工程建设整体水平和质量标准较低，通信系统多数设备属于一次性非标试制品，产品技术水平低、可靠性差。限于当时的经济技术条件，并没有设置无线调度通信。如果出现事故，司机和沿线工作人员只能利用所携带的电话机（磁石电话），通过沿线的电话插孔与车站或地面人员取得联系，非常不方便。在运用中曾经出现运行中的城市轨道交通发生火灾事故，隧道中烟雾弥漫，司机和工作人员由于找不到道边的电话插孔，以至于无法与地面工作人员取得联系，延误了救灾时机，造成了人员伤亡。经过这次血的教训，我国城市轨道交通决定大力发展无线通信系统。

我国城市轨道交通专用无线通信系统从发展来看，经历了专用频道、模拟集群和数字集群三个阶段。

1. 专用频道阶段

在北京城市轨道交通进行无线通信的建设初期，经过微波通信、激光通信和150MHz甚高频通信等多个频段的试验，直到20世纪80年代，最终采用甚高频（150MHz）或特高频（450MHz）完成无线通信，并采用泄漏电缆完成隧道内的无线覆盖。这种通信方式一直延续到20世纪末。

2. 模拟集群阶段

模拟集群技术是在无线接口采用模拟调制方式进行通信，20世纪80年代，国际上成功研发了模拟集群通信系统，后迅速在全球范围推广。我国也先后在北京、上海、广州等城市先后引入该技术并投入使用，使模拟集群技术在我国各个行业和部门的专用网中得到了较广泛的应用。同样，该技术也很好地应用在城市轨道交通无线通信系统中。例如，当时的广州地铁1号线就采用了摩托罗拉公司的800MHz模拟集群通信系统。

3. 数字集群阶段

随着技术的发展，数字集群技术将调制方式由模拟发展为数字，多址方式由频分多址发展为时分多址，通信业务种类增加，组网方式更加灵活，具有更强的抗干扰能力、更高的频谱利用率、更好的通话质量、更大的系统容量以及提供更多的通信业务和更灵活有效的网络管理功能。因此，数字集群技术一经问世就很快应用在城市轨道交通中，取代了传统的模拟集群技术，更好地完成城市轨道交通无线调度指挥的各项工作。例如，广州城市轨道交通率先使用摩托罗拉公司的800MHz数字集群通信系统，深圳城市轨道交通率先引进诺基亚的800MHz数字集群通信系统，随后，其他城市城市轨道交通也相继选用了类似的数字集群通信系统。

4. 我国城市轨道交通专用无线通信制式选择

在我国《地铁设计规范》（GB 50157—2013）中有如下规定：

1）地铁应设置无线通信系统，为控制中心调度员、车辆段调度员、车站值班员等固定用户与列车司机、防灾、维修、公安等移动用户之间提供通信手段。无线通信系统必须满足行车安全、应急抢险的需要。

2）地铁无线通信系统，可根据运营需要设置行车调度、防灾调度、综合维修、公安、车辆段调度等系统。

3）地铁无线通信系统采用的制式，应符合国家有关技术标准，所采用的工作频段及频点应由当地无线电管理部门批准。地铁无线通信系统根据业务需求，可采用专用频道方式，也采用数字集群移动通信方式。

4）地铁无线通信系统，应采用有线、无线相结合的传输方式。中心无线电设备通过光数字传输系统或光纤，与车站、车辆段、停车场的无线基站连接，各基站通过天线空间波或经过漏缆的辐射构成与移动台的通信。

5）地铁无线通信系统，应具有选呼、组呼、全呼、呼叫优先级权限等调度通信功能，并应具有存储功能、监测功能等。

根据《地铁设计规范》（GB 50157—2013）的要求，专家们对于我国地铁无线通信系统制式的选择进行了详细的讨论。目前我国应用的专用数字集群标准有 TETRA、iDEN、GT800、GoTa 以及公安部的 PDT。其中 iDEN 是摩托罗拉公司的专有技术，标准未公开，难以做到大范围的推广；GT800 和 GoTa 标准尚处于发展阶段，满足不了地铁系统对调度指挥通信的高标准要求；PDT 标准不适合地铁系统中用户容量大、业务繁重的特点，更适用于警用通信；而 TETRA 是开放标准，1995 年确定后，迅速得到推广，发展至今，其调度功能非常完善，特别适合用于地铁。

基于以上分析，我国很多地区的地铁都选用了 TETRA 系统作为专用无线通信系统的服务平台。比如广州地铁采用的 Dimetra IP 系统是 Motorola 公司推出的基于全 IP 技术的 TETRA 系统；再比如沈阳地铁采用的 eTRA（eastcom Trunked Radio）系统是由我国的东方通信股份有限公司自主研发、制造的符合 ETSI TETRA 标准的数字集群通信系统；再比如北京地铁 13 号线、深圳地铁一期工程、广州地铁二期和三期工程、天津津滨轻轨等其他地区的地铁都选择了 TETRA 制式。

TETRA 系统集调度、移动电话、数据传送等业务为一体，非常适合城市轨道交通的专网无线调度使用。TETRA 系统与以往的集群通信系统相比具有更高的频率利用率、更稳定的系统覆盖、更高的数据传送等特点，我国地铁选择 TETRA 制式的理由如下：

1）标准开放，不同厂家生产的设备可应用在同一系统中，使用户不依赖于一个厂家。

2）能为地铁无线通信网络提供必要的带宽，满足系统内大量无线用户的通信需求。

3）频率利用率高，一个物理信道机内可容纳 4 个时分信道（时隙），可在不同的时隙中完成信息的收发。

4）话音质量好，呼叫建立快（小于 300ms）。

5）保密性好，支持在无线链路上对话音和数据加密，并提供用户鉴权。

6）调度功能强大，可支持单呼、组呼、紧急呼叫、直通模式、多优先级选择等。

7）有丰富的数据传输功能，可支持图片与图像传输、电子邮件、高分辨率传真、数字和文件发送等多种数据应用，可实现与 Internet 的互联。

因此，我国信息产业部接纳 TETRA 为我国数字集群系统行业标准，并将 800MHz 专网频段（806～821MHz，851～866MHz）分配给无线数字集群通信使用。目前我国正在新建、改建、扩建的地铁，其调度无线通信系统基本都采用 TETRA 制式。

二、轨道交通无线集群通信系统的专用技术要求

1. 工作频段

TETRA 标准本身没有限制系统所使用的频段，而我国引入 TETRA 系统采用 800MHz 频段。我国信息产业部无线电管理局规定了数字集群通信系统（包括 TETRA 和 iDEN）的工作频段，如图 3-12 所示。

图 3-12 我国规定的数字集群频段

上行链路（移动台发、基站收）：806 ~ 821MHz；

下行链路（基站发、移动台收）：851 ~ 866MHz；

双工间隔：45MHz。

具体工作频率应符合国家无线电管理部门的有关规定。

2. 系统工作方式

TETRA 城市轨道交通专用无线集群系统主要有三种工作方式：

1）集群工作方式：指移动台在集群控制设备管理下的信道共享工作方式。

2）直通工作方式：指移动台之间直接互通的工作方式。

3）故障弱化工作方式：指基站和中心交换设备之间的链路或交换控制中心出现故障时，基站仍能以集群方式继续工作。

3. 系统同步要求

1）系统同步采用主从同步方式，并具备多级同步时钟的冗余备份，在外部时钟源出现故障时，交换中心控制设备的内置时钟即作为 TETRA 数字集群系统的主时钟。

2）基站射频的产生和时基时钟共用一个频率源。

3）频率源频率容差优于 $\pm 0.1\times10^{-6}$（载频低于 520MHz 时，优于 $\pm 0.2\times10^{-6}$）。

4）同一基站内不同载波之间的定时差，应小于 1/2 个符号宽度。

5）同一系统内不同基站的不同载波之间的定时差，应小于 1 个符号宽度。

6）移动台应利用从基站接收到的信号来调整其时基。当本地信号与接收到的信号之间的时差大于 1/4 码元宽度时，移动台应以 1/4 码元宽度为步进调整其时基。此调整应在不少于 1s 和不大于 3s 的时间间隔内完成，直至定时时差小于 1/4 码元宽度为止。

4. 电源与接地要求

控制中心采用交流 220V 电源，基站采用交流 220V 电源或 −48V 电源。

交流电源额定电压为 220V，允许变动范围为 ±10%，设备应能在该电压变动范围内正常工作。

直流电源额定电压为 −48V，允许变动范围为 −57 ~ −40V。

5. 可靠性要求

（1）冗余配置　为了最大限度地确保城市轨道交通运营的安全性、可靠性，交换控制

中心核心控制部分、网络传输部分、电源部分应冗余配置，一旦主用设备发生某种故障，后备的硬件就会自动地进行替补，维持系统正常工作。

基站核心控制部分、网络传输部分、电源、信道部分应冗余配置。

交换控制中心与基站进行切换时，不影响正在进行的通话。

（2）无故障时间

1）交换控制中心平均故障间隔时间应≥1.0×10^5h。

2）基站平均故障间隔时间应≥4.5×10^4h。

三、轨道交通无线集群通信系统的构成

1. 网络系统结构

目前城市轨道交通无线集群系统常采用多基站多区制的集群系统配以一些外加的连接和信号中继放大设备（如射频、光纤直放站），形成一个有线、无线相结合的网络。其中，中央级设备与基站之间采用有线通道连接，基站通过信号分配设备，采用泄漏电缆和天线以无线信号形式辐射出去，以实现基站与移动台的无线连接，如图3-13所示。

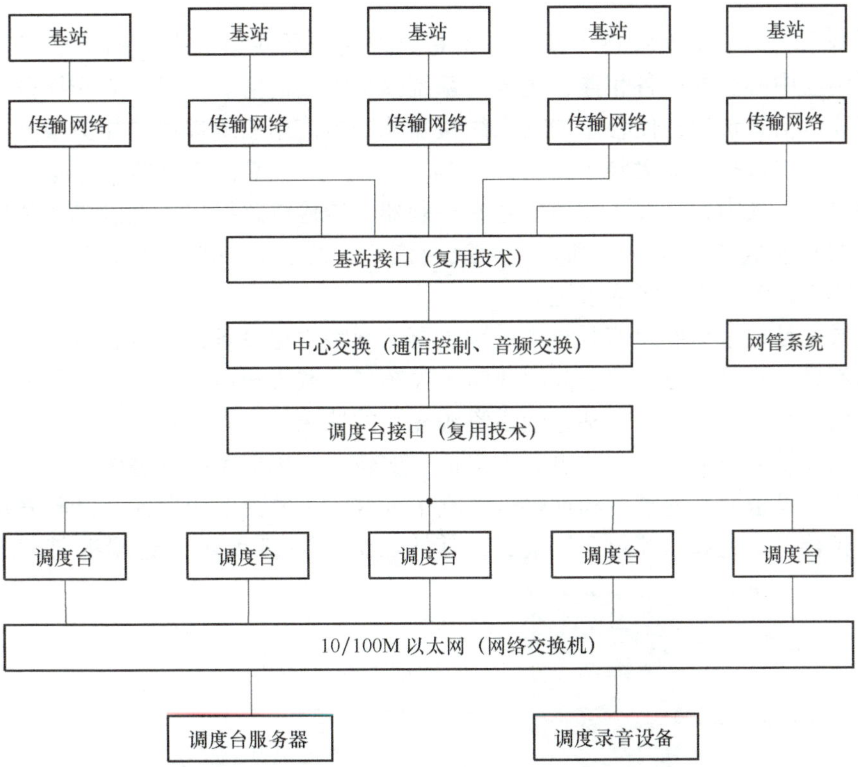

图3-13　轨道交通无线集群系统的组成

2. 设备组成

城市轨道交通无线集群系统主要由中心交换设备、基站和光纤直放站设备、区间泄漏电缆和天线设备、终端设备以及网管系统等几部分组成。

（1）中心交换设备　中心交换设备是整个系统的中心，主要功能是对所连接的基站数

据进行交互处理传输，负责参数配置、话路交换、呼叫控制及故障管理，实现区域内所有系统终端在各个基站覆盖范围内的互相通信。中心交换设备主要包括主交换机、操作集中计算机、操作和维护终端、电源单元及其他附属设备。

主交换机：主交换机是无线集群系统的核心部分，它具有管理无线信道的分配，管理移动台注册数据库，提供基站、调度台和操作维护终端的接口，记录故障信息等功能，实现调度中心、移动台和有线电话分机之间信令的传递及呼叫的建立。

操作集中计算机：操作集中计算机从硬件上看即一台 PC，主要实现管理系统应用的数据库、为列车自动监控系统（ATS）提供接口及为维护人员提供故障诊断信息等功能。

操作和维护终端：操作和维护终端给维护人员提供相应接口，主要用于对主交换机配置数据库及用户数据库的管理，对主交换机、基站和其他设备的控制，收集告警、故障信息。

电源单元：配备两个 48V 的电源单元，采用并联输出方式提供给主交换机，单独采用一个电源单元也可完成对主交换机的供电。

其他附属设备：主要包括打印机及录音机。打印机可将有关设备控制的修改记录和告警故障信息打印输出；录音机可将调度员与移动台之间的通话及通信广播系统的中央广播进行录音。

（2）基站和光纤直放站设备　基站设备是轨道交通无线集群系统的重要组成设备，它通过传输网络与中心交换设备相连，主要为系统提供无线覆盖。通过中心交换设备，使各无线用户之间完成信息传递，使各用户在系统覆盖范围内使用系统提供的相关服务。

基站设备主要包括无线射频单元（收发信机）、公共子架、合路器、电源单元、风扇单元、机柜和电缆。其中，公共子架包括基站控制器、传输链路接口、控制单元和接收多路耦合器。基站的基本结构如图 3-14 所示。无线通信基站的建设一般都围绕着覆盖面积、通话质量、系统容量、维护方便等要素进行。

光纤直放站是数字集群通信系统中一种主要的网络优化设备，可以有效弥补通信网络中基站覆盖的不足。它可广泛应用于高层建筑、停车场、城市轨道交通、隧道等无线信号覆盖效果不好的信号盲区、弱区。在基站信道资源充足的情况下，光纤直放站的加入既满足了较大范围良好的无线信号覆盖，同时也大大降低了城轨无线集群系统的整体造价。

光纤直放站设备分为近端机和远端机。其中近端机主要由电源单元、光收发单元、光分路单元、射频接口单元和监控单元等组成，其外观如图 3-15 所示。近端机通常放在基站机

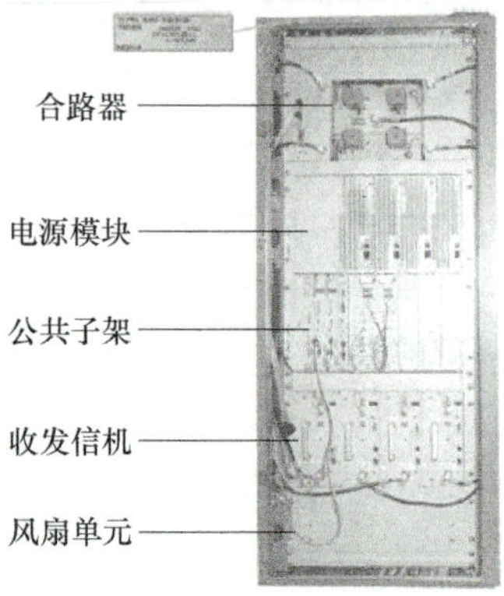

图 3-14　基站结构示意图

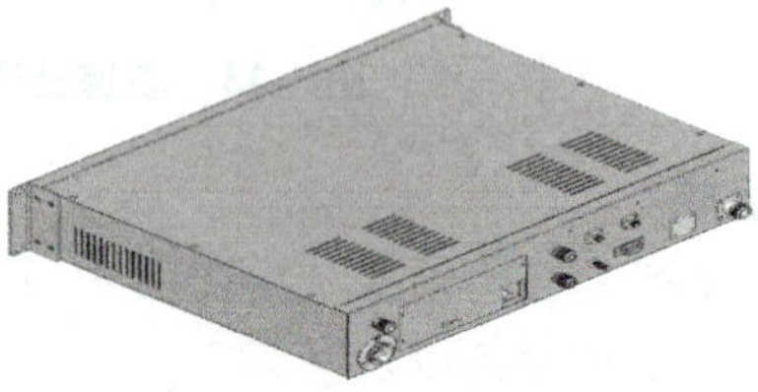

图 3-15　光纤直放站近端机外观

房，用来将接收到的基站信号转换成光信号并传输给远端机，同时将远端机的光信号转换成基站接收的电信号。远端机主要由电源单元、光收发单元、双工单元、功放单元、监控单元等组成。远端机放置在信号盲区、弱区，可将近端机传输的光信号转换为无线信号并经高倍功率放大器放大后发射出去，同时把用户移动台无线信号转换为光信号后传输到近端机。

使用光纤直放站可以实现城市轨道交通隧道中长区间或一些需要特别覆盖的通信质量不好的弱场区的无线信号的延伸覆盖。

（3）泄漏电缆和天线　天线是无线通信系统中的关键设备，其作用是实现高频电信号与电磁波（无线信号）的相互转换，即发射时，把高频电信号转换为电磁波后辐射出去，接收时，把电磁波再转换回高频电信号，完成无线电波的辐射和接收。天线的主要技术指标包括电压驻波比（VSWR）、前后比（F/B）、天线长度、回波损耗、端口隔离度、功率容量和零点填充等。一般来说，天线的长度与其辐射的信号频率相关，电磁波频率越高，天线越短。天线按其方向性可分为全向天线和定向天线；按其极化形式可分为单极化天线和双极化天线。在不同地点、不同场合、针对不同用户时，应根据情况采用不同的天线形式。

城市轨道交通无线集群通信系统采用的天线主要为以下几种：

1）棒状天线：主要用于车辆段等较大范围的地面区域，属全向天线。

2）耦合天线：主要用于站厅层或其他面积较小的区域，属全向天线。

3）八木天线：主要用于覆盖某些有特殊要求的区域，如正线或车辆段上某一段轨道区域，属定向天线。

4）鞭状天线：主要用于手持台收发天线，属全向天线。

5）圆盘天线（吸顶天线）：主要用于站厅、出入口、车辆段室内区域及无线车载台收发天线，属全向天线，如图 3-16 所示。

城市轨道交通系统的最大特点是运行区间多设置在地下隧道及地面高架桥上，运行环境一般较狭长，用传统天线难以满足轨道区域无线信号的均匀覆盖，而泄漏电缆技术很好地解决了这一问题。

泄漏电缆是泄漏同轴电缆（Leaky Coaxial Cable）的简称，是一种特制的同轴电缆。泄漏电缆的结构与普通的同轴电缆基本一致，由内导体、绝缘介质和开有周期性槽孔的外导体三部分组成，其基本结构如图 3-17 所示。电磁波在泄漏电缆中传输的同时通过槽孔均匀向外辐射，外界的电磁场也可通过槽孔感应到泄漏电缆内部并传送至接收端，实现了无线信号

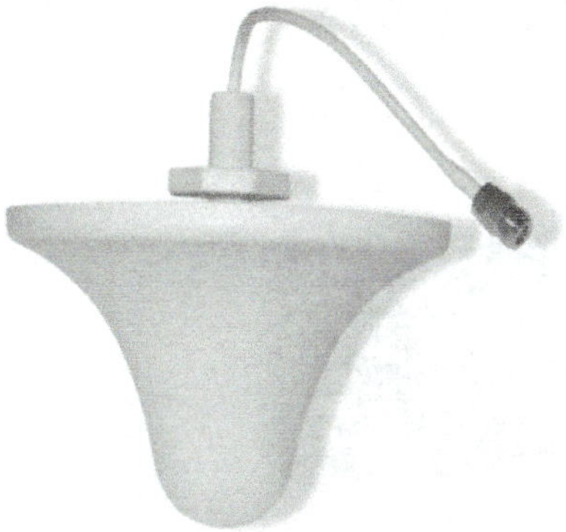

图 3-16　圆盘天线

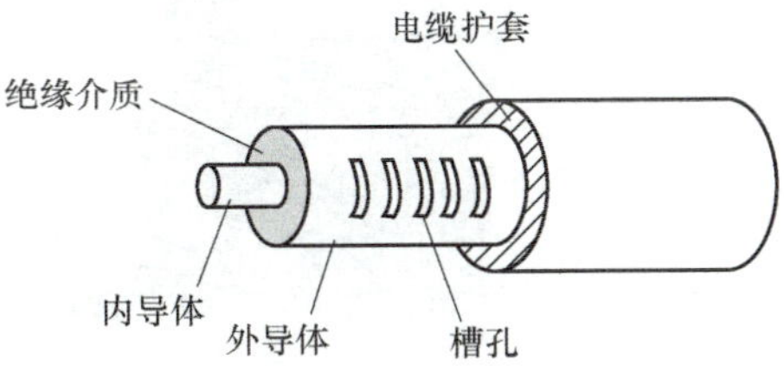

图 3-17　泄漏电缆结构示意图

沿泄漏电缆的均匀覆盖。目前，泄漏电缆的频段覆盖范围为450MHz～2GHz，适应现有的各种无线通信体制，可应用在城市轨道交通、铁路隧道、公路隧道等，是实现城市轨道交通隧道区间无线信号覆盖的首选。

与传统的天线系统相比，泄漏电缆技术具有以下优点：

1）信号覆盖均匀，尤其适合隧道等狭长、窄小空间。

2）信号频段覆盖范围较广，属于宽频带系统，可满足不同无线通信系统的需求。某些型号的泄漏电缆可同时用于多种无线通信系统。

3）泄漏电缆的价格一般高于天线，但当多系统同时引入隧道时，可大幅度降低总体造价。

4）场强辐射均匀、稳定，抗压能力及抗干扰能力较强。

（4）终端设备　城市轨道交通无线集群系统的用户所使用的终端设备主要有调度台、车站固定台、车载台和手持台。调度台属于有线台，即通过有线形式与网络基础设施连接；车站固定台、车载台和手持台都属于移动台，即以无线形式与网络基础设施连接。

1）调度台。调度台是用户进行调度运行指挥的主要操作平台，用户可以通过它对系统内的列车司机、车站值班员、手持台移动用户及相关部门工作人员发起各种呼叫，或接收他们的呼叫，以建立与这些用户之间的语音和数据通信。在城市轨道交通无线集群系统中，调度台可分为行车调度台、环控（防灾）调度台、车辆段调度台以及维修调度台。

行车调度台满足行车调度员、车站值班员、站台值班员和列车司机之间的通信需求。

环控（防灾）调度台供环控（防灾）调度员、车站值班员、现场指挥人员等相关工作人员之间进行通信联络，满足事故抢险及防灾需求。

车辆段调度台供车辆段值班员、列检库运转值班员、场内作业人员和列车司机之间进行通信联络，满足段内调车及车辆维修需求。

维修调度台供维修调度员与现场值班员之间进行通信联络，满足线路、设备日常维修的需求。

各种调度台能实现的功能包括：能显示各种呼叫信息，包括序号、时间、车次号、车组号、ID 号、呼叫状态、数据信息等内容；能给出各种呼入的提示音；能实现调度监听；行车调度台能全呼及选呼列车，对正线运行列车内的乘客进行广播。

2）车站固定台。车站固定台的主机一般设置于通信机房内，操作终端安装在沿线各车站控制室值班员的工作桌上，固定台天线采用吸顶或桌面吸盘的安装方式。车站固定台的操作终端如图 3-18 所示。

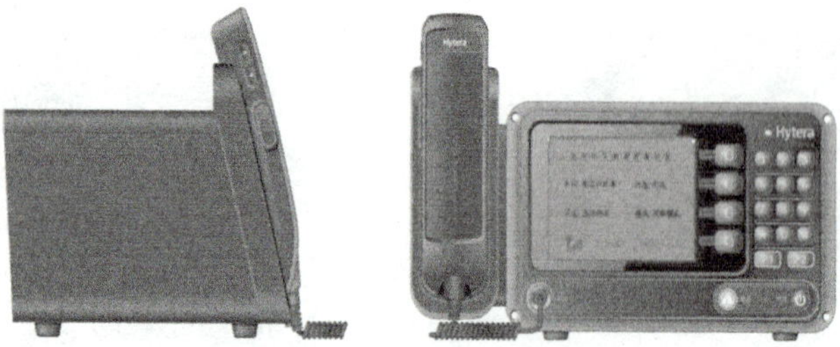

图 3-18　车站固定台的操作终端

车站固定台提供车站值班员与控制中心的行车调度员、环控/维修调度员、列车司机和站务其他人员的双向语音通信及预定义的短信通信。

主要通信功能包括：向调度台发送呼叫请求、紧急直呼、呼叫站区内列车、呼叫站务人员、接收呼叫、发送/接收预定义的短信息等。

车站值班员可以利用安装在车站的固定台与其管辖范围内的列车司机进行相互呼叫通话，即车站值班员呼叫管辖范围内的司机，管辖范围内的司机呼叫车站值班员。

车站值班员的管辖区域通常为所在车站位置的本车站区域和行车线上对应的上、下行半区间。

3）车载台。城轨列车前后两端驾驶室各安装一台车载台。车载台提供列车司机与控制中心的行车调度员、车辆段调度员和车站值班员的双向语音通信及预定义的短信通信功能。车载台主要由车载台主机、控制及接口电路、控制盒、传声器（话筒，手持麦克风）、天线等部分组成，如图 3-19 所示。其中主机和控制及接口电路安装在一个固定的箱体内，控制盒和话筒安装于司机座位前方的左侧，天线安装于车顶。司机可通过操作车载台控制盒上的按键，满足各种通信需求。通过系统与 ATS 的连接，可在控制盒的显示界面上显示车次和当前列车位置，并自动更新信息。

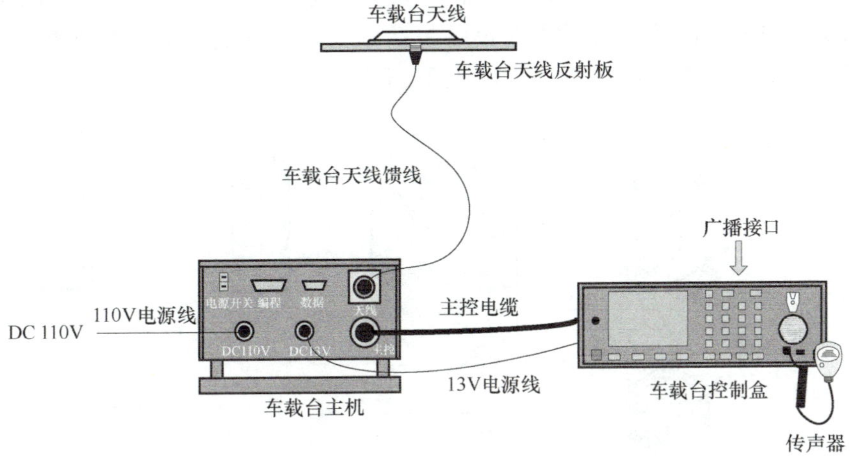

图 3-19 车载台组成示意图

4）手持台。手持台主要配备给站务人员、维修人员等流动作业人员，供他们与相关调度人员通话或发起组呼。手持台主要由主机、天线、皮套、可充电电池、充电器等构成，其外观示意图如图 3-20 所示。手持台的主要功能有一般呼叫、紧急呼叫、短消息收发、调度台对手持台的群呼等。

手持台内预存了基站信道的频点、通话组 ID 等信息，采用半双工方式，用户按住 PTT 开关即可开始通话，放开 PTT 开关结束本次通话。手持台支持群组通信功能，可根据服务区或种类及性质的不同，将通话组分类存放于不同的“文件夹”，通过旋转式通话组选择器，可进行通话组的选择及更换。目前城市轨道交通中配备的手持台一般都有集群模式和直通模式两种工作模式，在集群模式下，手持台通过无线集群系统完成通话或组呼等功能；在直通模式下，手持台可在没有网络的情况下直接与其他手持台通话，但此时要求通话的两个手持台必须位于一定范围之内才可正常工作。

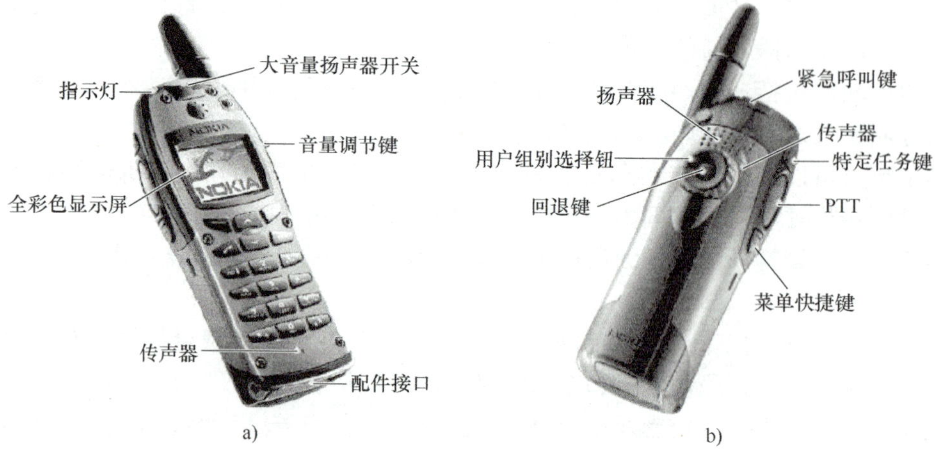

图 3-20 手持台外观示意图

a）正视图 b）背视图

（5）网管系统 网管系统是城市轨道交通无线集群系统的重要组成部分，是为监测系统中心交换设备、基站设备、光纤直放站的近端及远端设备、电源等相关设备的故障报警而专门设置的监测设备。网管系统的主要设备包括无线网管终端、集群网管终端（TETRA 原装网管）及相关软件，其连接示意图如图 3-21 所示。

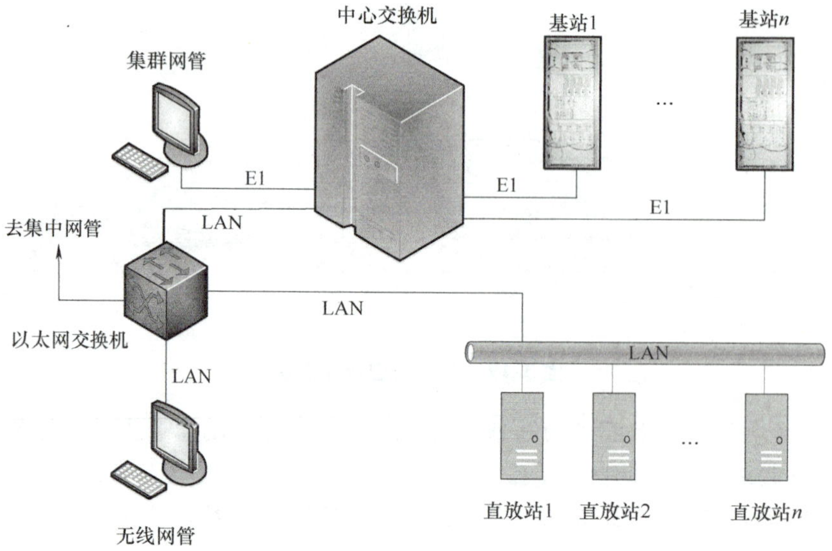

图 3-21 网管系统示意图

在城市轨道交通控制中心的通信网管室设置集中网管，可将城市轨道交通全线各监测点的监测信息及故障告警汇总，设专人值班，发现问题后可及时处理。在各车站通信设备室，维护人员通过维护管理便携终端能够对车站本地设备进行维护和管理。

网管系统的主要设备可分为硬件和软件两部分：

1）网管硬件。网管系统的硬件设备包括：

① 网管服务器：提供网管服务的数据库信息。

② 网管工作站：提供网管操作的人机界面。集群网管（TETRA 网管）负责 TETRA 集群网管参数、用户、功能配置；无线网管主要监控无线系统内部所有要监测的通信设备，如交换机及其功能模块、电源、基站、光纤直放站近端机和远端机等的工作和故障告警状态，并负责向通信系统集中网管上传告警信息。用户参数的配置和故障及状态监测可在同一网管终端的不同界面上实现。

③ 便携式维护终端：用来供系统维护人员对车站本地设备进行参数设置、故障检修和处理、设备调试等，是系统设备维护的重要工具。便携式维护终端为笔记本式计算机，提供网管操作的人机界面。

2）网管软件。网管系统软件主要包括集群网管系统软件、无线系统网管软件（服务器和客户端）。

① 集群网管系统软件：主要完成对集群交换设备（交换机、基站）以及无线用户的配置管理。

② 无线系统网管软件：主要完成对系统设备如基站、直放站的参数配置管理，对交换机及其功能模块、直流电源、基站和直放站设备的模块工作状态、告警信息集中监控；完成对无线系统所有设备的集中告警监控，传送无线系统设备的故障报警信息，完成无线系统所有设备的时间同步。

四、城市轨道交通无线集群通信系统的系统功能

城市轨道交通无线集群通信系统作为城市轨道交通通信系统的重要组成部分，其具体功能包括以下几个方面：

1. 通话功能

数字集群系统本身具备全双工、半双工、单工等各种通话方式。在城市轨道交通专用无线集群通信系统中有多种不同种类的用户，根据用户的性质、功能，系统可组成多个相互独立的通话组，实现固定用户与移动用户之间，以及移动用户之间的通话联系功能。

城市轨道交通无线集群通信系统的用户一般包括：

1）控制中心行车调度员、沿线各站的车站值班员及外勤工作人员、运行线路上的列车司机。

2）控制中心环控调度员、外勤环控人员。

3）控制中心维修调度员、外勤维修人员。

4）车辆段调度员、信号楼值班员、调车员、列检值班员、车辆段内列车司机、列检员及车辆段外勤工作人员等。

在各种用户之间的通信中，行车调度员与列车司机之间的通信是最高级别的，要求通信连续，尽可能避免产生任何中断，具有高可靠性。

2. 呼叫功能

城市轨道交通的无线集群系统根据使用要求可实现多种呼叫功能：

（1）单呼　单呼是某一主叫用户和单个被叫用户之间的一对一通话，可以在两个无线用户、两个调度台、调度台和无线用户、调度台和公网用户以及无线用户和公网用户之间进行单独呼叫。

为节省信道和移动台耗电，大多数单呼采用半双工方式，移动台在与固定台通话时采用双工方式。

在某些城市轨道交通专用无线集群系统中，单呼亦称为“私密呼叫”，即调度员不能对下属的单呼通话进行监听。

（2）组呼　组呼采用半双工方式，是指在事先编组的情况下，允许一个用户与一组用户建立一个对多个的通话。

用户台之间的组呼可以通过用户组的选择旋钮选择相应的组，同时用户台发出语音提示组的变化，适合用户在紧急情况下选组。同时用户台还可以通过操作面板的按键选择需要进行通话的工作组。通话组的设立可以使多个 TETRA 个人用户通过某个通话组以组呼的方式进行通信和交流。

一旦用户选择好一个通话组，移动台无需任何操作，便可自动接收来自该组的呼叫。若组内一个用户想发起一个呼叫，该用户只需用选择旋钮选择相应组后，按下 PTT 键，即可发起通话。组呼的最大通话时间可由网络管理员设置，只有在组呼发起用户挂机或达到系统所设置的最大通话时间时，才结束此次组呼通话。

每个移动台可人工选择某一个通话组作为当前组，移动终端设备可显示当前组的识别码（GSSI）。在接收组呼时，接收方可显示主叫的短用户识别码（ISSI）。

组呼是集群调度系统的主要通信方式，具有占用无线资源少、通信效率高、一呼百应的特点。

（3）通播组呼叫　通播组呼叫是一种一点对多点，同时与多个通话组进行通信的呼叫方式。一个通播组是由多个通话组构成的组，网络管理员能设置一个通话组隶属一个且仅隶属一个通播组。

通播组用于扩大组呼的范围。通播组呼叫可以由调度员或无线用户发起，可以同时向多个通话组发起组呼，进行信息广播。在城市轨道交通专用无线集群系统中，通播组呼叫能实现本部门调度员向所管辖的全体成员（多组组员）发起呼叫，被呼叫成员无须手动转组，即可自动纳入通播组的通话中，属双向通信。

（4）紧急呼叫　紧急呼叫是无线用户处于紧急状态时的单呼或组呼。紧急呼叫对接入无线资源具有最高的优先级，当移动用户对相应的调度台发起紧急呼叫而系统资源全部占用时，系统将拆除正在进行的权限最低用户的通话，并向发起紧急呼叫的用户立刻分配信道资源。被呼叫的调度台将给出相应提示，并伴有特殊音响。移动台允许对相应的调度台发起紧急呼叫，也允许对通话组发起紧急呼叫，呼叫目的地号码能在系统侧设置。

只有调度台或发起紧急呼叫的用户挂机，才结束这次紧急呼叫。

（5）电话互联呼叫　电话互联呼叫是一种全双工通信方式，是指公务电话用户向被授权的移动用户发起呼叫，或者被授权移动用户向公务电话用户发起呼叫。公务电话用户和移动用户之间的通话可通过中继转接和调度台转接两种方式实现，在进行电话互联呼叫时，移动台可以发送双音多频信号（DTMF）。

（6）车组号呼叫　车组号呼叫是指控制中心调度员、车站值班员在调度台上可以利用列车的车组号码呼叫运行列车，列车的车组号是固定不变的。

（7）车次号呼叫　车次号呼叫是指控制中心调度员、车站值班员利用列车的车次号码呼叫运行列车，列车的车次号在每次运行时会有所变化。

（8）站管区呼叫　站管区是指本车站范围及其上下行半区间。站管区呼叫指的是车站值班员呼叫本管区内的列车移动用户，或是处于某站管区内的列车移动用户呼叫该站管区的车站值班员。

（9）直通呼叫　直通呼叫是指发生通信的两个用户不经过交换中心的转接，只经过基站建立通信的呼叫，即将移动台变成了对讲机。因而要求采用直通模式（DMO）进行呼叫的两个用户之间的距离不能太大。

（10）三方通话　三方通话所指的通话对象是指车载台、OCC 调度台和 DCC 调度台。一般由车载台向 OCC 调度台发起请求，经 OCC 调度台同意后同时转接到 DCC 固定台，实现三方通话。

3. 数据传送功能

轨道交通无线集群通信系统可提供丰富的数据业务，具有数据承载能力和数据通信能力。能实现的功能包括完成状态信息、IP 分组数据、短数据信息等信息的传送，支持调度台与移动用户之间、移动用户与移动用户之间双向的收发中文状态信息和短数据信息，支持数话同传（话音通信期间可以收发状态信息和短数据信息），支持 IP 数据断点续传等。

通过安装在列车上的车载电台，可实时传递列车的状态信息到控制中心。列车的状态信息分为三类：一是紧急信息，优先等级最高，一旦出现应立刻传递到 OCC 和车辆段；二是列车的运行状态，15min 传一次，其优先等级次之；三是列车每天的状态报告，可在信道空闲时传递，并可以被中断、分几次传递。

另外城市轨道交通无线集群系统在二次开发的基础上，还可提供下列特殊服务：

1）用户的状态信息服务：无线终端可以通过向系统发送状态指示信息，通知调度台其所处的状态，把用户最新的状态指示信息和接收时间储存在系统数据库中，并将其发送到相应的调度台，在调度台上可以查看到该用户的状态信息。

2）紧急告警服务：在出现紧急情况时，移动用户可以通过短数据传送功能向调度台和无线通信管理员发送紧急警报。

3）短消息：系统支持调度台和移动台之间以及移动台与移动台之间的双向短消息传送，并支持短消息群发功能。一般情况下短消息在控制信道上传输，如果某个移动台正在通话中，则短信息可通过随路控制信道传输。

4. 广播功能

根据城市轨道交通运营的特点和需求，通过车载电台与列车广播系统相连，实现控制中心行车调度员对旅客列车的无线广播功能。可实现：中心行车调度员对本线内正线上的某列或部分列车发起广播；中心行车调度员对本线内正线上的所有上、下行列车或全线列车进行广播；车辆段调度员可对位于车辆段的全部或部分列车进行广播。

中心行车调度员向列车广播的接口是采用自动接续的。首先中心行车调度员或车辆段调度员通过无线调度台发出对旅客列车广播命令，车载台接收到广播命令后将启动相应列车的车厢广播系统，并自动把车载台语音通道与列车车厢广播通道连接起来，同时向调度台反馈广播接通信息，随后调度台也自动接通到车载台话音通道，从而实现调度员对车厢旅客广播的功能。

5. 编组功能

无线集群通信系统是为整个城市轨道交通运营的多个生产和管理部门服务的。为保证各部门之间方便快捷的通信，系统可根据需要按不同的部门或不同的业务编成多个通话组，将相互需要通话的用户编成不同的通话组。为了减少无关部门之间的影响，保证工作上联系的流畅性，系统分组应具有科学性、有效性和简洁性。在编组时应做到熟悉城市轨道交通内部的组织架构，掌握各部门的工作性质、内容、范围以及相对应的接口对象。

无线集群通信系统的编组功能比较灵活，单个用户的个人识别码与组识别码没有固定的对应关系，可以在管理终端设备上进行编组。根据个人用户所在的部门和功能，可将相互之间需要通信的用户编入不同的通话组，单个用户可同时编入多个通话组。

城市轨道交通无线集群系统要完成整个系统的调度指挥工作，以组呼通信为主要工作方式，主要的编组类型见表3-2。

表3-2 城市轨道交通无线集群系统主要编组类型

序号	编组类型	工作描述	
1	行车调度通话组	① 行车调度员与正线车辆通话组	a. 正线车辆组成全呼组
			b. 正线车辆分成上行组和下行组进行组呼
			c. 对单个列车组进行组呼
		② 行车调度员与各车站站长通话组	a. 所有车站编成一个组进行组呼
			b. 每个联锁站编成一个组进行组呼
			c. 双区闭塞的车站编成一个组进行组呼
		③ 各车站站长与本站站务员通话组	
		④ 特别组	
2	车辆段通话组	① 车辆段调度员与车辆段车辆通话组	
		② 车辆段调度员、调车员与车辆段车辆通话组	
		③ 车辆段调度员与调车员通话组	
		④ 车辆段调度员与车辆段范围内的手持台通话组	
		⑤ 车辆检修通话组	
		⑥ 乘务通话组	
		⑦ 维修工程部通话组	
		⑧ 特别组	
3	维修通话组	① 维修调度员与所有维修人员通话组	
		② 维修调度员与各维修小组通话组	
		③ 维修调度员与车辆维修小组通话组	
		④ 维修调度员与通信信号维修小组通话组	
		⑤ 维修调度员与机电维修小组通话组	
		⑥ 维修调度员与工建维修小组通话组	
		⑦ 维修调度员与供电维修小组通话组	
		⑧ 维修调度员与生产管理组通话组	
		⑨ 特别组	
4	环控通话组	① 环控调度员与所有环控人员通话组	
		② 环控调度员与各环控小组通话组	
5	车载台及手持台的编组	根据需要进行编组	
6	其他备用通话组	根据需要进行编组	

系统中的车载台与手持台都属于移动终端，在使用中根据需要有时需转换用户组别。用户组别的转换有两种情况：

第一种是手动转换，用户通过操作移动台，手工选择要通信的组别。手工转组的实现方法因各厂家的产品不同，操作方法也有所不同。

第二种是列车车载台随着列车进出车辆段而在行车调度台与车辆段调度台之间的转换。列车在车辆段时，车载台属于车辆段通话组，而当列车离开车辆段进入正线时，车载台属于行车调度通话组，因此，在列车行进过程中，需完成用户组别的转换，其目的是实现调度对列车指挥权的移交。具体的转换方式有两种：一是自动转组，借助于 ATS 采集的信息，由系统自动完成车载台组别的转换；二是调度人工转组，又可分为调度主动转组和司机请求转组。

6. 系统辅助功能

（1）繁忙排队和自动回叫　用户发起呼叫时，如果系统繁忙，没有空闲的业务信道可用，呼叫会按照优先级进行排队，直到有信道资源可用。当有信道空闲下来，系统会自动为排在队首的用户或通话组建立呼叫，并通过终端提示用户。

（2）多级呼叫优先级　在无线集群系统中，每个个人用户都有自己的呼叫优先级，高优先级有利于在话务繁忙时优先得到信道建立通信，或在组呼中优先得到发言权，个人用户呼叫优先级参数范围是 1～10。每个通话组也有自己的呼叫优先级，高优先级有利于在话务繁忙时优先得到信道，它的呼叫优先级参数范围也是 1～10。

无线集群系统中的调度员也有 1～10 十级呼叫优先级，调度员的优先级高于个人用户和通话组的呼叫优先级。

另外，紧急呼叫会在信道繁忙时拆除最低优先级的呼叫。

（3）动态重组　根据业务需要（如事故抢险等），被授权的系统管理员或控制中心调度员能通过系统管理终端或调度台以无线方式对无线移动用户重新编组，将不同组、不同基站覆盖区的某些用户重新组成一个临时用户组进行通信，即动态重组。

动态重组允许一个或多个无线用户加入一个通话组或从一个通话组删除，命令是通过 MCCH（Main Control Channel，主控制信道）传递的。当使用动态重组时，每个无线终端设备会记住它所具备的通话组设置，当系统管理员或中心调度员发送“取消重组”指令时，无线用户终端会返回到原来的通话组。车载台和手持台最多可以支持编写 200 个动态重组。

（4）跨区呼叫　在系统中，一个通话组的通话范围不仅局限于一个基站覆盖区内，还可扩展至一个交换机或跨交换机的全网范围内，即扩展为全网组呼。当移动用户从一个基站进入到另一个基站的覆盖范围时，虽然通信信道发生改变，但不影响用户的正常通信，用户通话组的选择是实时且自动的。当用户组成员分布在多个基站的覆盖区时，也可以实现对小组全部成员的呼叫。

（5）限时通话　系统可以设置单呼、组呼和电话互联的最大通话时间，呼叫权限及限时参数由系统管理员设置。当用户通话时间达到限时参数时，通话的各方会收到一个通话即将结束的特殊音调的提示，告诉提示用户时间限制已到，若用户不理睬此限时提示，系统会在超时后将此次呼叫终止。限时通话这个功能可以保证信道的有效、充分利用，缩短等待时间，更好地为所有用户提供高效率的通话。

（6）迟后进入　迟后进入功能是指在通话组呼叫发起时，由于没有开机或处于信号衰落区，使某些通话组成员未能及时加入通话，在稍后的时间还可以加入正在进行的通话组呼叫。城市轨道交通无线集群通信系统支持所有组呼的迟后加入。

（7）紧急模式 Hot Mic　每个移动台具有一个紧急按钮，它经过特别的人体工程学设计，在通常情况下不容易被意外误按，而紧急情况下可容易按下。一旦按下紧急按钮，移动台进入紧急模式，此时的呼叫级别被提升到最高级别，同时无线用户进入“热麦（Hot Mic）”模式，并马上自动通过状态信息将紧急告警传送到调度台，由于此信息是通过控制信道传送的，所以移动台不需要等当前业务信道释放即可发起紧急报警。

“Hot Mic”功能是在紧急情况出现时的一个关键功能，对公安用户尤其重要，当进入紧急模式时，移动台会给出声光提示。

（8）通话组扫描　一个用户台可同时被编入多个通话组，一般情况下，用户是在当前选定的组下进行通话。如维修人员甲同时被编入通话组 1（与维修人员乙、丙、丁一组）和通话组 2（某车站工作人员），平时甲总是选定在通话组 1 与同组的维修人员进行通话。而当甲移动到通话组 2 所在车站时，可能还有兴趣听取和加入到通话组 2 的通话中。

通话组扫描功能是指系统允许每个用户台除了在自己的通话组工作外，还可以监听（扫描）其他所选通话组的通话。在通话组扫描的情况下，用户台当前的通话组为高优先级，并在空闲的前提下可听取其他通话组的通信。

在每个移动台上，通话组扫描功能可通过设置打开或关闭，每个移动台可被设置 20 个扫描列表，每个列表最多 20 个通话组。

另外，TETRA 系统还支持优先监视功能，如果一个用户台具备优先监视功能，即使它已处于一个组呼中，仍然可以探测到高优先级的呼叫，如果新的呼叫的优先级高于正在进行的呼叫，用户会加入新的呼叫。

7. 故障弱化功能

（1）单站集群　在系统正常工作时，调度台可以与有权限的无线移动用户进行通信。而当中心交换设备故障，或基站和中心设备之间的线路连接出现故障时，系统将无法实现广域集群的通信功能，此时所涉及的所有基站自动进入单站集群工作模式（也称后备降级模式“FALLBACK”）。一旦连接恢复正常，基站将自动返回系统正常集群模式。

所谓单站集群，是指所有通信范围局限在本基站覆盖区内，不能和基站外的任何用户通信。如果所有基站都进入单站集群工作模式，则所有调度台不能呼叫任何移动用户，在区间运行的列车上的车载台只能与列车所在位置对应的基站覆盖区内的车站进行通信。如果只是某一个基站进入单站集群工作模式，则只影响该基站覆盖区的移动用户与调度台间的通信，其他区域的移动台不受影响。

当中心交换设备和基站间的通信中断持续了一段时间后（时间长度可设定），基站自动进入单站集群模式，并把单站集群模式的信息广播给基站下的所有用户。当用户收到本基站进入故障弱化模式的广播信息后，基站覆盖区内的用户会自动搜寻，寻找按广域集群工作且信号强度足够的相邻小区进行登记。如果用户找不到符合要求的相邻小区，则该用户停留在原基站上，进入单站集群工作模式通信，此时，车站人员及列车司机只需将相应的电台选到“FALLBACK”组，即可实现本基站范围内所有车站固定台、列车车载台和手持台的通信。

在单站集群工作模式下，基站能为其服务区内的用户提供登记和组呼功能。在组呼功能下，支持紧急呼叫、迟后进入、来电显示等功能。同时，基站在单站集群模式下可支持短数据业务和单呼功能。在单站集群下，无线终端能自动切换到单站集群工作模式，无需手动干预，满足突发事件情况下对通信的要求。

由单站集群模式恢复到正常工作模式是由中心交换设备控制的，当中心交换机发现交换机和基站间的传输链路恢复后，中心交换机发送一个无线设置信息给基站，基站即恢复到正常集群模式中。当基站恢复到正常集群模式后，其范围内的用户进行重新登记，基站自动向中心交换机更新登记信息，此时，即可恢复到正常集群模式。

（2）无线信道的动态控制 城市轨道交通无线集群通信系统中的用户利用无线信道建立有效通信，无线信道是所有无线用户共享的，其中控制信令占用一个信道，其他业务信道都是动态分配的。每次有用户发出呼叫请求时，系统会自动分配一个空闲信道给用户。

无线信号的收发由基站中的信道机完成，系统对信道机的工作状况进行持续监测，包括驻波、发射功率、工作温度等指标，一旦信道机出现故障，系统将自动关闭该信道机的功能，并不再将该信道进行分配。因此，当某一个业务信道发生故障时，系统将会分配其他正常的信道给用户使用，在业务信道够用的情况下，系统的总体功能不会受到影响。

如果是控制信道发生故障，系统会自动将另一信道机第一时隙的业务信道转换为控制信道。

（3）脱网直通功能（DMO） 在城市轨道交通无线集群系统中，完整的网络结构包括中心交换机、基站、调度台及移动台几个部分，在正常情况下，用户能通过终端设备加入到网络中，由基站完成无线信号的收发，由中心交换机完成信息的交换，最终实现用户的正常通信。

当无线集群系统的网络出现异常，交换机、基站出现故障或交换机与基站的链路出现中断时，移动台可脱离集群系统网络，实现移动台之间的脱网直通功能。

脱网直通模式（DMO）是 TETRA 移动终端的一种工作模式，使移动终端在不需要系统网络的情况下仍能直接发生通信。在脱网直通模式下，用户机的通信就好像对讲方式。这种模式要求用直通模式进行通信的双方必须在一定范围之内，需要移动终端预先定义好直接模式信道，其直接模式信道是同频单工信道。

脱网直通模式可以使多个用户机相互之间直接通信，而不必借助于任何无线网络。可认为 DMO 是一种回退运行模式，能使多个用户机在无线网络的服务中断的情况下保持通信。它可以提供两个好处：一是提供了系统覆盖区外的工作能力；二是在系统覆盖区内提供附加的私密性。

DMO 可支持单呼、组呼、紧急呼叫、迟后加入、来电显示和短数据传输等功能。

不同于普通的调频对讲模式，TETRA 手持台在 DMO 模式下采用的是符合 TETRA 标准的数字通信方式，不同的通话组以组号（GSSI）来区分和识别。即使工作在同一个 DMO 频率下，编制在不同组的无线用户之间仍然互不干扰，单个无线用户之间还可以通过个人身份码（ISSI）实现单呼和短数据传送。

8. 录音功能

录音功能主要实现对专用无线集群通信网内的通话进行录音，主要包括如下功能：

1）每个调度台的音频接口单元都具备录音接口，位于控制中心的多通道数字录音机可记录所有调度员的通话信息，并具备各种查询功能。

2）列车司机可对行车调度员的语音通话进行本地录音，由车载台实现此功能。车载台应具备录音模块并能对通话信息进行记录、存储、回放、本地下载，采用循环录音方式。

3）对重要通话组和重要单呼进行录音。所有生成的录音资料可按时间、使用者、讲话方等对录音内容进行各种分类搜索、回放和查询。

9. 编号计划

用户身份码（ITSI）是无线集群网络中对移动用户唯一的识别号码，该号码共48bit，由三部分组成：MCC＋MNC＋SSI，即国家代码＋网络代码＋短用户识别码。其中，我国的国家代码（MCC）为460；网络代码（MNC）由国家有关管理机构分配，共14bit，编号容量为16348，城市轨道交通的TETRA系统是相对独立的用户专用集群通信系统，MNC可自定；短用户识别码（SSI）包括个人短用户码ISSI和组短用户码GSSI，短用户号码范围为0000001～9999999，共1千万的用户容量，城市轨道交通中的TETRA系统的短用户号对ISSI和GSSI并没有号段的限制，可以根据业务的需求进行灵活的分配。

10. 安全功能

（1）遥毙　在城市轨道交通专用无线通信系统中，一个丢失的或被盗的移动台会对系统造成威胁，因为可能会导致有人非法监听通信过程或干扰系统的正常工作。针对这种情况，系统允许系统管理员通过控制接口向丢失用户终端发送无线信号，远程关闭一个移动台。移动台除了可远程关闭，也可远程打开。

在遥毙的情况下，移动台不能接收和发送呼叫。此时，尽管移动台处于关机状态，但仍可进行登记，仍然可以在基站间移动时进行切换，这样使系统管理员可对丢失设备进行跟踪。移动台将一直处于这种状态，直到系统管理员重新开启它的服务，即使除去电源也不能清除这种状态，因为遥毙的状态信息存储于非易失性存储器中，断电信息不会丢失。

（2）密码保护　每个移动台可被编程，在开机时输入4位密码，这样即使用户终端丢失或被误拿，也不会获取系统的服务。系统设置密码保护功能，如果3次输入密码不成功，移动台会进入锁定状态，即在预先设置的时间内不允许进一步重试。锁定时间可设置为无限长，如果移动台进入这种状态，则只能通过8位解锁密码（PIN Unlocking Key，PUK）来解锁。PUK的重试次数不限，因8位数字的组合数量较多，可基本实现抵御非法重试的功能。当移动台进入锁定状态时，即使去除移动台电池后重新装上也不能解除其锁定状态，因为锁定状态信息同样存储在非易失性存储器中。

如果合法用户忘记PIN密码，可3次输入密码不成功后利用8位解锁密码（PUK）重新进入终端设备，重新进入后可设定新密码（PIN）。

11. 系统增强功能

（1）用户类别　用户类别功能是指用于定义无线用户使用基站的权限，即在特定的情况下，特殊用户能够专用指定基站。用户类别应用于在城市轨道交通的某个车站或某几个车站，当遇到突发事件时，大量救灾人员集中在某个基站下处理突发事件，此时极易造成基站小区信道的拥塞。采用这个功能可以在突发事件处理期间限制其他用户使用该小区（基站），以保障救灾的用户在特殊情况下专用某个（或某些）基站，一旦事件处理完毕，通过TETRA网管系统上参数的恢复，其他用户又可以正常使用该小区。

用户类别功能能够最大限度地在紧急事件、灾难事件发生时保证特殊用户对系统的使用。

（2）强拆单呼功能　强拆单呼功能是指系统通过授权调度台能够强行拆除正在通话的

单呼。

一般情况下，单呼是不能被拆除的，而单呼属于双工通信，对系统资源的占用又是最大的，因此对单呼通信如果没有很好的技术手段和管理手段的话，会对系统的正常指挥调度带来很大的隐患。城市轨道交通专用无线集群通信系统的一个基站通常只按双载频配置，因此对于城市轨道交通无线指挥调度网来讲，当某个车站发生紧急情况时，信道资源紧张的问题会非常突出。此时，可利用此功能拆除占用资源较大的单呼，满足救灾人员的通信需求，提高无线资源的利用率。

（3）单呼中的组呼　如果一个通话组的成员正在进行一个单呼通话，而当该通话组发起呼叫时，该成员可以立刻加入到该通话组中，实现组呼通话。

（4）最后一个调度员通知　这个功能适用于那些拥有多个调度员的通话组，当最后一个工作的调度员试图从该通话组通信监控和调度工作中退出时，系统会在该调度员的调度台上给出相关确认信息，避免由于误操作，造成某个通话组没有调度员指挥和协调的情况。

（5）基站远程维护功能　城市轨道交通无线集群系统的基站支持远程维护操作，在控制中心通过交换机接入远端基站，对基站进行远程的操作维护。控制中心具备远程的 MMI 人机接口功能，可以对基站的参数进行远程设置，能够极大地降低网络日常维护工作量，提高工作效率。

（6）基站工作频点远程调整　城市轨道交通无线集群系统的基站采用自动调谐合路器，支持从交换机侧远程调整基站载波机的工作频点，并且，在基站进行载频扩容时，也可以远程调整合路器的合路数量，从二合一到四合一，提高系统应对变化的灵活性和适应性。

五、城市轨道交通无线集群通信系统的运作

根据城市轨道交通运营需要，城市轨道交通无线集群系统可采取如下的运作方式：

1. 调度台与移动台间呼叫

（1）调度台呼叫下属移动台　当调度台想单呼下属某一用户时，只需在调度台终端人机界面上选中该移动台的名称，系统即将其转变为用户的无线标识号，经中心交换机处理后传输到用户注册的基站，经泄漏电缆或天线发射出去；移动台接收到控制信号后与自身标识号做比较，比较一致可确定自己为调度台呼叫用户，则控制移动台振铃，用户按压通话键即可建立通话。

当调度台想对下属移动台发起组呼时，被呼组内用户不经振铃与任何操作，可直接收听调度员讲话或同组其他用户（按下 PTT 开关）讲话。

（2）移动台呼叫调度台　移动台呼叫调度台主要有两种方式：

1）移动台直接单呼调度台。

2）以数据传送方式向调度台发出呼叫请求短消息，调度台收到短消息后再回叫该移动台，操作与上述操作一致。

2. 手持台之间的呼叫

手持台之间的组呼有三种方式：

1）本组内的组呼，只需把移动台的组选择旋钮选择在本组组号位置，按下 PTT 开关即可发起组呼，本组其他用户无需任何操作，即可听到组呼发起者的讲话。

2）呼叫另一组用户，把移动台组选择旋钮调到对方组号位置，按下 PTT 开关即可发起组

呼，对方组用户同样无需操作即可收听，实现此种通话的前提是本机应先设置好对方组号。

3）保持在本组组号旋钮位置，利用扫描功能可监听到其他组用户的呼叫，前提是移动台先设置好扫描功能。

3. 移动台单呼移动台

当移动台单呼另一移动台时，若两移动台拥有私密通信的权限，则直接拨出对方 ID 号，或利用提前编写好的对方别名发出呼叫，都可完成单呼。

4. 车载台与车站用户间呼叫

（1）车载台呼叫车站用户　车载台呼叫车站用户（包括车站固定台和车站内手持台）可有三种方式：

1）车载台单呼车站固定台。

2）采用组呼方式，提前编制好通话组，需要通话时，把车载台的组选择旋钮调到要呼叫的车站组位置，按下 PTT 开关即可通话。

3）把线上所有车站台编为一组，在所有车载台上都设置好此通话组的组号，不需要呼叫车站台时调至自身通话组，当需要和车站固定台通话时将选择旋钮调至该组号位置。这种方式有一缺点，即当发生呼叫时，车载台会把线上所有车站固定台都呼叫到，从而影响无关车站的正常工作。

（2）车站用户呼叫车载台　车站用户（包括车站固定台和车站内手持台）呼叫车载台主要有两种方式：

1）将所有车载台编为一个通话组，在所有车站固定台和手持台上都设置好此通话组组号，当不需要呼叫车载台时调至自身通话组，当需要呼叫车载台时将选择旋钮调至该组号位置。当发生呼叫时会造成所有车载台都被呼叫到，影响无关车载台的正常工作。

2）将所有车载台编为一个通话组，车载台设优先监视功能，所有车载台都设置通话组扫描功能，并在所有车站固定台和手持台上都设置好车载台通话组组号。当车站需呼叫列车时先选择此组旋钮，按 PTT 开关呼叫，车载台监听到呼叫后，退出当前呼叫组转向扫描功能接受呼叫。此种方式因扫描功能只在该站点的所有业务信道上扫描，所以只影响本基站范围内的列车车载台，是城市轨道交通中应用的首选方式。

5. 车次号的获取

车次号（TRN）是城市轨道交通运营过程中列车的代号，与实际车载台的识别码没有固定的对应关系，根据列车运行线路和发车时间不同，列车的车次号在每次运行时会有所变化；而车组号是分配给每个车组的唯一 ID，车组号是固定的，并用于标识机车，通常，用于牵引每趟列车的机车的车组号与安装在机车上的车载台的固定 ID 号的对应关系是不变的。

在城市轨道交通运营中，当行车调度想与行驶在正线上的列车司机发起呼叫时，常以车次号为主进行呼叫，这样使调度员操作方便快捷，提高工作效率。

在城市轨道交通系统的整个运作中，每天均有专人编制计划，在 ATS（Automatic Train Supervision，自动列车监控）系统中，将车次号与列车车组号的对应关系生成对应表，无线集群通信系统通过调度台服务器从 ATS 系统获取对应表，并发送至行车调度台，如图 3-22 所示。这样就使调度台能实时更新映射车次号、车组号、司机号（用于标识正在驾驶列车的司机）与机车车载台 ID 号的对应关系，当调度员呼叫机车司机时，就能按照车次号或司机号呼叫到相应的司机。

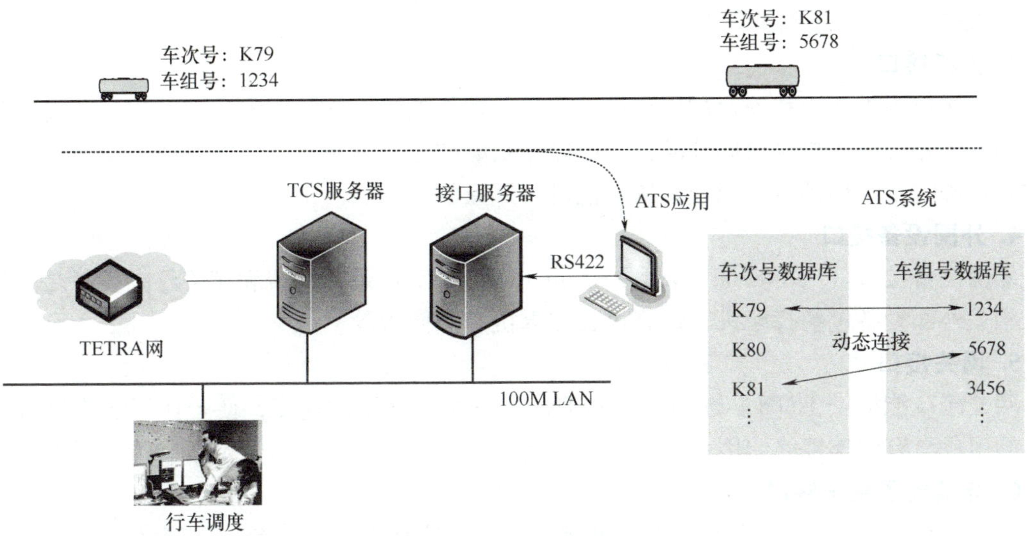

图 3-22　车次号对应表获取

当 ATS 信号出现故障，系统不能再利用它所提供的信息自动实现功能号呼叫时，可采用以下备用手段：

1）列车司机出发前主动在车载台上输入车次号、司机号并上传至服务器，调度台从服务器获取相应信息。

2）车次号变更的源信息，可以在车辆段调度台处得到。既可以是车辆段调度台主动发送车次号、司机号至服务器，也可以是司机出发前发请求从车辆段调度台处分配一个相应的车次号。

六、轨道交通无线集群系统的接口

1. TETRA 空中接口

TETRA 空中接口是一条数字无线路径，轨道交通无线集群系统的空中接口应符合 TETRA 标准的相关要求，其主要技术特性包括：

1）接入方式：TDMA（每个载波上分 4 个时隙）。

2）双工方式：FDD。

3）载波宽度：25kHz。

4）双工间隔：45MHz。

5）调制方式：π/4 DQPSK。

6）语音编码：ACELP。

7）载波调制速率：36kbit/s。

8）语音编码速率：4.8kbit/s。

9）最大数据速率：7.2kbit/s（每时隙）。

10）数据速率可变范围：2.4～28.8kbit/s。

2. 直通模式空中接口

直通模式的空中接口也是一条数字无线路径，是无线集群系统空中接口的一种特殊形式，它能使用户无需经过基站就能直接进行相互通信，相当于对讲机的工作模式。在这种模式工作时，可应用的业务有组呼、单呼和短数据业务等。若利用一部无线电台作为一个移动网关（或转发器），还能扩大直通模式的工作范围。

3. 人机接口

人机接口提供使用移动台的用户标准的操作功能按键，不同厂家生产的移动台设备外形有区别，但相应的人机接口即移动台上的操作功能按键基本一致，使城市轨道交通运营单位在购置设备时不受移动台厂家或系统其他设备厂家的限制。

4. 外围设备接口

外围设备接口（Peripheral Equipment Interface，PEI）是移动台和相关外围设备之间的接口，相关外部设备包括打印机、计算机、传真机和摄像机等。

5. 网关接口

网关接口能提供 TETRA 与 ISDN、PSTN、PABX 等网络的连接，便于让无线集群通信系统中的用户与有线连接终端用户及其他外部网络用户联系，提供语音及数据传送服务。

6. 与其他子系统接口

1）与传输系统接口：实现系统中央交换设备与基站级设备信令、语音和数据等信息的通信。无线子系统中心主站与远端基站之间通过 E1 接口相连，因此传输系统要在每个车站提供 E1 接口。

2）与 ATS 系统接口：无线集群子系统在控制中心与 ATS 系统相连。ATS 系统与无线系统调度台服务器相连，根据 ATS 提供的信息，无线集群系统可完成列车在行车调度台和车辆段调度台的自动切换，列车信息至少应包括车次号、司机号、车体号、线路信息、列车位置等。

3）与时钟系统接口：实现无线集群系统与整个城市轨道交通时间同步、准确。

4）与交换系统接口：实现各个调度台能直接拨打和接收有线电话功能。

5）与集中网管终端接口：该接口将经过整理的无线集群系统的重要告警信息上传给通信系统的集中网管终端，便于完成对无线集群系统的维护。它采用以太网 RJ45 接口。

轨道交通无线集群系统接口如图 3-23 所示。

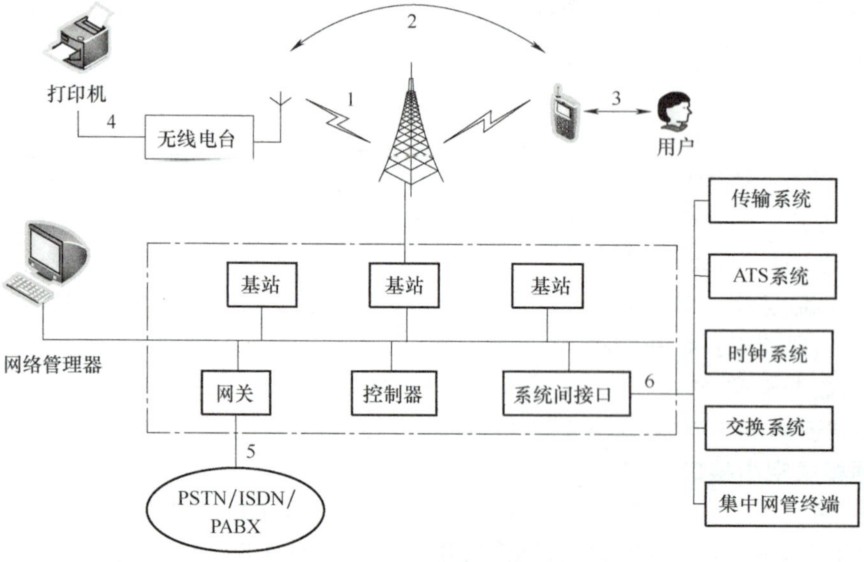

图 3-23 轨道交通无线集群系统接口

1—系统空中接口 2—直通模式接口 3—人机接口 4—外围设备接口 5—网关接口 6—与其他子系统接口

实训二　无线通信实训

一、使用无线综合测试仪测试移动台性能

1. 目标

1）了解无线综合测试仪的应用范围。

2）掌握无线综合测试仪的使用方法。

3）掌握移动台发射及接收性能的测试方法。

2. 设备

无线综合测试仪、移动台、射频测试线、操作工具。

3. 相关知识链接

（1）无线综合测试仪的应用范围　无线综合测试仪（简称综测仪）使用广泛，主要应用在移动终端（对讲机、手机等）测试、移动通信系统基站维护、信号频谱分析、信号波形显示和分析、模拟和数字移动通信系统的通用测试平台等。

（2）综测仪的使用方法

1）正确连接综测仪和待测设备。

2）综测仪通电自检。

3）选择综测仪功能模式。按键选择显示屏幕菜单中所列出的功能模块（如发射测试、接收测试、双工测试等），进入相应的测试模式子菜单。

4）设置基础数据（即频率、电平），即输入测试所必需的已知条件参数。先按键选中要操作的参量选项，使其成为可操作状态（亮显），然后用键盘输入数值，选择单位确定。

5）开启待测设备，读出综测仪测试结果并记录。

6）进入下一项测试。

（3）使用中的注意事项

1）连接、设置过程中，保持待测设备处于关闭状态。连接、设置完成后再开启待测设备电源。

2）注意阻抗匹配。综测仪面板上有音频和射频两种信号类型的端口，音频输入/输出阻抗是600Ω，射频输入/输出阻抗是50Ω。

3）综测仪面板上有两个“RFIN”射频输入端口，由端口正上方LED的亮、灭状态指示对应的端口在用与否。其中一个射频输入端口适用大功率输入，另一个适用1W以下小功率输入（主要用于外接天线）。在不确定待测设备功率大小的情况下，首先应使用综测仪大功率输入端口进行测试。

4. 实操内容

（1）移动台发射性能测试

1）关闭移动台电源。

2）断开移动台发射/接收端无线接头。

3）通过射频电缆，将综合测试仪连接在移动台发射/接收端上。

4）开启综合测试仪，并设置好相应的参数。

5）综合测试仪进入“TXTEST”界面。

6）重新打开移动台电源，按压电台“PTT”发射键。

7）在综合测试仪上读取移动台的发射功率。

8）测试值与标准值误差应不超过 ±2dB，否则移动台发射性能有问题，需要进行修理。

9）测试完毕后，拆线并恢复移动台原来的结构连接，重新开机。

（2）移动台接收性能测试

1）关闭移动台电源。

2）断开移动台发射/接收端无线接头。

3）通过射频电缆，将综合测试仪连接在移动台发射/接收端上。

4）开启综合测试仪，并设置好相应的参数。

5）综合测试仪进入“RXTEST”界面。

6）重新打开移动台电源，使移动台处于待机状态。

7）调节并逐步增大综合测试仪输出功率（从 -130dB 开始），当移动台收到有效信号时，综合测试仪的输出功率就是该移动台的接收灵敏度。

8）测试值与标准值误差应不超过 ±2dB，否则移动台接收性能有问题，需要进行修理。

9）测试完毕后，拆线并恢复移动台原来的结构连接，重新开机。

二、泄漏电缆接续

1. 目标

1）了解泄漏电缆的发展和应用。

2）掌握泄漏电缆接续的操作步骤。

2. 设备

泄漏电缆、接续工具。

3. 相关知识链接

（1）泄漏电缆的发展和应用　泄漏电缆，全称为泄漏同轴电缆（Leaky Coaxial Cable），简称漏缆，英文缩写为 LCX。由于这种电缆具有同轴电缆和线型天线的双重功能，有时又被叫作辐射电缆（Radiating Cable）或同轴天线（Coaxial Antenna）。

泄漏电缆，最初是为了解决地下隧道之类的特殊环境内无线电波难以传播的问题而发展起来的。早在 1956 年，美国人蒙克（Monk）等人首先提出了泄漏通信原理，即在地下隧道中敷设一条泄漏传输线，使其与移动电台相连，用以代替隧道天线。

20 世纪 60 年代，美国、日本、西欧各国都相继开展了泄漏通信的研究工作。最初的研究集中在双传输线，利用其开放的电磁场来实现泄漏通信。但是，人们发现双传输线敷设与维修都不方便，而且易受环境和气候的影响，只能用于 VHF 频段，因此应用范围大受限制。于是，转向各种类型漏缆的研究和发展。

日本于 20 世纪 60 年代末提出八字形槽孔漏缆，具有耦合效率高、特性容易控制等优点，目前广泛应用于我国的铁路无线列调通信系统。椭圆形槽孔漏缆由美国发明，横槽式漏缆则是德国的专利，这两类漏缆辐射特性的频带都很宽，其中横槽式漏缆被大量采用。

泄漏同轴电缆，是一种特殊的同轴电缆，与普通同轴电缆的区别在于：其外导体上开有用作辐射的周期性槽孔。普通同轴电缆的功能，是将射频能量从电缆的一端传输到电缆的另一端，并且希望信号能量不能穿透电缆以避免传输过程中的损耗。但是，泄漏电缆的设计目的则是特意减小横向屏蔽，使得电磁能量可以部分地从电缆内穿透到电缆外。当然，电缆外的电磁能量也将感应到电缆内。此外，泄漏电缆的场强覆盖比较均衡，应用涉及 80 ~ 2800MHz 的整个频谱，见表 3-3。

表 3-3　泄漏电缆的应用

频率范围	应用对象	频率范围	应用对象
87 ~ 108MHz	无线电广播	600 ~ 800MHz	数字电视、集群通信
140 ~ 280MHz	无线寻呼	860 ~ 960MHz	公众移动通信
300 ~ 400MHz	公安、消防	1720 ~ 1980MHz	
410 ~ 470MHz	无线对讲	2000 ~ 2800MHz	

40 多年来，泄漏电缆的发展十分迅速，在众多领域中得到越来越广泛的应用，具体如下：

1）铁路领域：450MHz 铁路无线列调通信及 GSM-R 铁路移动通信是漏缆最主要的应用之一。将漏缆敷设在弱场区（如隧道内），解决列车在弱场区无法接收无线信号的难题。

2）公众移动通信：公众移动通信的室内、地下和隧道覆盖，是泄漏电缆目前应用较多的领域。其主要优点是延伸移动通信的覆盖范围，能较好地解决覆盖盲区，节省功率和频率资源，避免同其他无线系统的相互干扰。

3）矿山坑道通信：在矿山坑道内敷设漏缆，主要用于提高生产效率及保障矿工安全。

4）有线电视系统：有线电视系统采用泄漏电缆进行传输，主要好处是节省有线传输器材，提高电视传输质量。

5）资源保护系统：1973 年，为了保护自然资源地区或其他重要地区，加拿大科学家提出“导波雷达”（Guided radar 或 Cable radar）概念，至今已经获得很大发展。导波雷达的基本原理是，在被保护区域的周界，敷设两条泄漏电缆，一条发射，另一条接收，若有入侵者越过周界便产生报警。

6）总而言之，泄漏电缆可以实现任何地方的无线通信，不论是否存在电磁波干扰都能使用，诸如矿山、隧道、城市轨道交通、机场、地下商场、大型仓库、建筑楼宇、体育场馆、会展中心、地下停车场及其他地域。

（2）泄漏电缆的结构　泄漏同轴电缆主要由内导体、绝缘介质、带槽孔外导体和电缆护套等构成，如图 3-20 所示。内导体采用光滑铜管或轧纹螺旋铜管，外导体采用薄铜皮，其上开制不同形式的槽孔纵包而成，槽孔形式多种多样，有八字形、U 字形、L 字形、一字形和椭圆形等，各式槽孔的应用见表 3-4。

表 3-4　各式槽孔泄漏电缆的应用

序号	槽孔形式	适用频率/MHz	应用场合
1	L 字槽	75 ~ 2500	GSM-R 移动通信、城市轨道交通各通信领域
2	U 字槽	75 ~ 2500	GSM-R 移动通信、城市轨道交通各通信领域
3	八字槽	75 ~ 2500	450MHz 铁路无线列调系统、350MHz 公安消防系统、广播系统
4	椭圆槽	宽频段	各通信领域，由于场强波动较大，目前已基本不使用
5	稀疏编织	低频段	矿井通信

4. 实操内容

1）对安装连接器的电缆部位用酒精进行清洗，去掉承力索约300mm，剥去泄漏同轴电缆的外护套、外导体、绝缘套管和绝缘螺旋体，露出内导体铜管17mm。

2）在此应注意：电缆切口必须是没有槽口的位置，以保证无线信号传输的质量。

3）卸开连接器插座，按照尾螺母、垫圈、密封圈、垫圈、密封圈、垫圈、扁螺母和压环的顺序套在电线上。在此应注意零件的顺序和扁螺母与压环的方向。

4）采用滚压法安装内导体芯子。注意在滚压进刀过程中，多滚压，少进刀。

5）安装外导体接触套。在剥开电缆护套及外导体时，应注意保护好外导体，不可弄断或损伤。

6）装上带孔绝缘子。应注意清洁。

7）旋进带插孔的内导体，安装压环和尾螺母。注意务必旋紧。

8）安装好外壳组件。注意螺旋器件必须旋紧，整个结构必须密封。

9）在连接器上缠绕胶带，外层加缠电工胶带。注意均匀与美观。

10）承力索的成端。注意成端后的长度。

11）清理现场、整理好工具，撤离现场。

单元小结

本单元从无线通信的基本概念引入，首先介绍了移动通信的概念、特点及其关键技术；接着详细介绍了无线集群通信的概念、特点、组网方式及在城市轨道交通系统中的应用。在学习中，以无线集群系统在城市轨道交通中的应用为重点，掌握城市轨道交通无线集群系统的网络结构、设备组成、系统功能及相关的实操技能。

复习思考题

一、填空题

1. 移动通信的通信方式可分为单向通信和双向通信两大类，而后者又可分为__________、__________和__________三种形式。

2. 多址技术主要包括__________、__________和__________。

3. 同步技术中按照同步的功用来区分，可分为__________、__________、__________和__________。

4. 集群通信系统的信道分配主要有两种方式，即__________和__________。

5. 集群系统的集群方式有__________、__________和__________。

6. 集群系统的区域覆盖方式分为__________、__________和__________。

7. TETRA城市轨道交通专用无线集群系统的工作方式有________、________和________。

二、判断题

1. 所谓软切换，是指先断开旧的连接，再建立新的连接，即“先断后连”，其切换成功率高，适用于码分多址（CDMA）体制。（ ）

2. 考虑无线信号的覆盖时，在铁路、公路、城市轨道交通及狭长的水面上等呈带状的

地区，往往采用线状覆盖的方式。(　　)

3. 在集群系统的控制方式中，分散式控制方式便于将基本系统连接成大的区域网，因而更适合于话务负荷较重的大容量集群系统。(　　)

4. TETRA 系统基于 FDMA 技术，将一个载频的 25kHz 分为 4 个信道。(　　)

5. 组呼采用全双工方式，是指在事先编组的情况下，允许一个用户与一组用户建立一个对多个的通话。(　　)

6. 所谓单站集群，是指所有通信范围局限在本基站覆盖区内，不能和基站外的任何用户通信。(　　)

三、选择题

1. 在移动通信常用的多址技术中，通信容量最大、抗干扰性能最强的是（　　）。

A. FDMA　　B. TDMA　　C. CDMA　　D. GSM

2. 在集群系统的几种集群方式中，保密性较好、信道利用率最高的集群方式为（　　）。

A. 消息集群　　B. 传输集群　　C. 准传输集群　　D. 以上都不对

3. 我国大部分城市轨道交通选用的无线通信系统制式是（　　）。

A. iDEN　　B. TETRA　　C. GT800　　D. GoTa

4. TETRA 集群系统无线频段的双工间隔为（　　）。

A. 25MHz　　B. 25kHz　　C. 45MHz　　D. 45kHz

5. 发生通信的两个用户不经过交换中心的转接，只经过基站建立通信的呼叫形式为（　　）。

A. 单呼　　B. 紧急呼叫　　C. 电话互联呼叫　　D. 直通呼叫

四、问答题

1. 什么是无线通信？我国的无线通信可分为哪些频段？
2. 什么是移动通信？移动通信的通信方式是什么？
3. 何谓大区制、小区制？两者的特点分别是什么？
4. 什么是越区切换技术？越区切换技术可分为几类？分别描述其特点。
5. 什么是集群通信系统？集群通信的特点是什么？
6. 集群通信系统有哪些控制方式？比较其优缺点。
7. 集群通信系统有哪些组网方式？
8. 为何我国城市轨道交通的无线通信系统选用 TETRA 制式？
9. 城市轨道交通无线通信使用的频段是多少？
10. 城市轨道交通无线集群系统主要由哪些设备组成？
11. 城市轨道交通无线集群系统有哪些功能？
12. 什么是脱网直通工作模式？脱网直通模式下系统能提供哪些服务？

04

单元四　闭路电视系统

【学习目标】

1. 掌握闭路电视监控系统的组成。
2. 理解 CCTV 系统的功能。
3. 熟悉车站和控制中心监控子系统的设备组成。
4. 掌握 CCTV 典型设备的应用。
5. 了解中控室的概念及功能。
6. 熟悉综合监控系统及其对 CCTV 系统的控制作用。

闭路电视（Closed Circuit Television，CCTV）系统是一种图像通信系统，与电视台开路电视广播不同，CCTV 的电视信号只传送到指定用户，也称为闭路电视监控系统。CCTV 系统是安全技术防范体系中的一个重要组成部分，是一种先进的、防范能力极强的综合系统，它可以通过遥控摄像机及其辅助设备直接观看被监视场所的一切情况，同时还可以与报警系统等其他安全技术防范体系联动运行，使其防范能力更加强大。闭路电视的应用范围极广，而且正以前所未有的速度日益扩大，可以说在国民经济的各个部门，凡是使用现代化技术的地方都离不开闭路电视系统。

闭路电视监控系统是城市轨道交通运营和管理现代化的配套设备，是维护城市轨道交通运行、保证运输安全的重要手段。它能够为控制中心调度员、各车站值班员、列车司机等提供有关列车运行、设备运行、相关人员以及社会治安等方面的视觉信息，是提高行车指挥透明度的辅助通信工具。

CCTV 提供的图像信息，一部分用于指挥行车及控制客流，另一部分用于控制中心的消防楼宇监控，还有一部分用于公安安防系统，处理纠纷、事故等情况。CCTV 系统的主要作用表现如下：

1）向调度中心一级行车管理人员（行车调度员、环控调度员、公安值班员、值班主任等）提供各站台区行车情况和站厅区旅客流向的图像信息。

2）向车站行车值班员提供本站列车停靠、起动、车门开闭以及售票机、闸机出入口等处的现场实时图像信息。

3）向列车司机和站台工作人员提供相应站台旅客上下列车的图像信息。

CCTV 系统由图像摄取设备、显示设备、控制设备、图像存储录制设备及视频信号传输设备等组成。采用控制中心远程监控和车站本地监控相结合的方式，组成一个完整的闭路电视监控网络，车站与中心的监视及控制相互独立，控制中心通过本地综合监控系统，实现对 CCTV 系统的控制作用。整个系统组成应简单、易管理、易扩容、易升级、易维护，具有快速故障恢复能力。

课题一　闭路电视监控系统的组成

一、CCTV 系统的一般组成

典型的闭路电视监控系统主要包括摄像部分、传输部分、控制部分以及显示部分等，各部分之间的关系如图 4-1 所示。

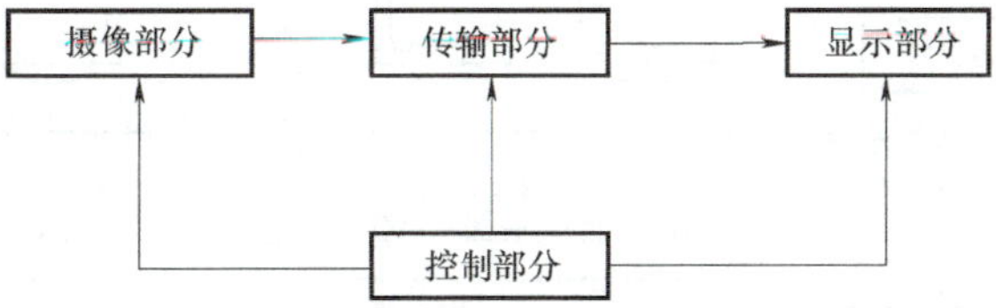

图 4-1　CCTV 系统组成框图

1. 摄像部分

摄像部分是电视监控系统的前沿部分，是整个系统的“眼睛”。它布置在被监视现场的某一位置上，使其视场角能覆盖整个被监视的各个部位。它的功能是对被摄体进行摄像并将其转换成图像信号，包括摄像机、镜头、防护罩、支架和电动云台等。根据监视需要，可将摄像机安装在电动云台上，并加装变焦镜头，在室外应用时对摄像机及其镜头还应加装专门的防护罩。摄像部分是系统的最前端，作为系统的原始信号源，摄像部分的好坏以及它产生的图像信号的质量将影响着整个系统的质量。

2. 传输部分

CCTV 系统的前端设备与控制中心设备通过传输系统进行通信，传输系统主要完成图像信号和控制信号的传输。它一方面将前端摄像机、监听头、报警探测器或数据传感器捕捉到的音视频信号及各种探测数据传送到中心端；另一方面将中心端的各种控制指令传送到前端解码器，以实现对摄像机等的控制。它一般包括线缆、线路驱动设备等。

在传输方式上，目前电视监控系统多采用视频基带传输方式，如果摄像机距离控制中心较远，可采用射频传输方式或光纤传输方式。城市轨道交通的监控系统，往往借助已有的通信传输线路或 IP 网络来传输控制中心与各车站之间的各种监控信号。

3. 显示部分

显示部分把现场传来的图像信号在监视设备上显示，一般由多台监视器、监视屏幕墙或计算机显示器组成。在由多台摄像机组成的电视监控系统中，一般用画面分割器把某几台摄像机送来的图像信号同时显示在同一台监视器上，即把监视器屏幕分成几个面积相等的小画面分别显示。这样可以大大节省监视器，并且操作人员观看起来也比较方便。在出现网络视频监控系统以后，可直接利用 PC 的显示器浏览所选择的摄像画面。

4. 控制部分

控制部分是整个闭路电视监控系统的核心，负责所有设备的控制与图像信号的处理。其主要功能为视频信号的放大与分配、图像信号的校正和补偿、视频网络控制、图像信号的切换和分割、图像信号的存储记录、摄像机及其辅助部件的控制。

控制部分能对摄像机、镜头、云台、防护罩等进行遥控，完成对被监视的场所全面、详细的监视或跟踪监视。一般设有录像设备，可以随时把被监视场所的图像记录下来，以便事后备查。同时控制部分设有“多画面分割器”，通过这个设备，可以在一台监视器上同时显示出多个摄像机送来的画面。控制部分还设有时间及地址字符发生器，通过这个装置可以把摄像时间、被监视场所的地址、名称显示出来。

控制部分一般由中心控制设备、分控设备与远端解码器三部分组成，如图 4-2 所示。

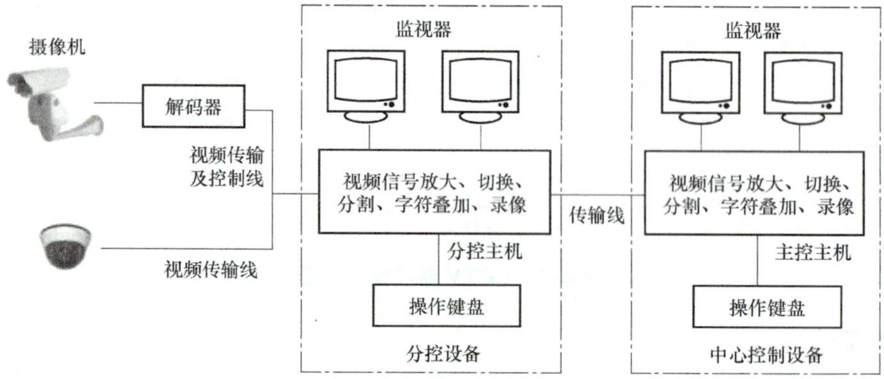

图 4-2　CCTV 系统的设备组成

（1）中心控制设备 中心控制设备对系统中的各个设备进行集中控制，由视频网络控制器、视频切换器、画面分割器、视频放大器、视频分配器、时间/日期发生器、字符叠加器和录像机等设备组成。

（2）分控设备 设在一个或多个监控分点的控制设备，通过传输线与中心控制设备相连，和中心控制设备的功能相同，可以对整个系统进行各种控制和操作。

（3）远端解码器 远端解码器属于监控系统的前端设备，一般安装在配有云台与电动镜头的前端摄像机附近，有时为了防止室外恶劣环境对设备的侵蚀，远端解码器也可安装在离摄像机不远的室内。对摄像机及其辅助设备进行控制时，控制中心通过操作键盘产生编码控制信号，然后以总线方式将控制信号送至解码器。在远端解码器中，若控制信号地址编码与解码器地址编码一致，则该解码器将控制台送来的控制信号解出，实现控制中心对摄像机及其辅助设备的控制。

二、城市轨道交通 CCTV 系统的组成

城市轨道交通中，CCTV 系统一般由控制中心监控子系统、车站监控子系统两级组成，均可对系统内的图像进行监视和控制，监视功能相互独立，互不影响。另外，车辆段、停车场的监控系统与车站监控系统的组成基本相同，不再赘述。

各车站视频子系统的视频信号，通过光纤传送至车站交换机及存储设备，车站再通过专用通信传输设备，将信号传送至控制中心。系统与公安视频监控系统共用摄像机，不同调度员优先级可在控制中心通过调整，所有云台的优先级均可灵活设置。

1. 车站监控系统

车站监控系统主要完成对本车站管辖范围内的视频信号的监控和录像。在授权的情况下，本站值班员通过车站值班员工作站控制、调取本车站相关摄像机图像信息，并在监视器上显示；系统通过视频存储系统对本站所有图像进行录制存储。车站监控系统的组成如图 4-3所示。

（1）图像摄取 在站厅、车站出入口、售票处、检票口、闸机、自动扶梯、垂直电梯、人行通道、票务室、服务中心和换乘通道等处设置摄像机及辅助摄像设备，用于提供站厅区旅客流向及本站所需的现场实时图像信息。

在上下行每侧站台，安装适当个数的摄像机，提供整个站台重叠无盲点的图像，如站台有弯度或监视范围不全，可能需多设固定摄像机以提供足够的监视覆盖。这些摄像机用于提供站台区行车情况（如列车停靠、起动、车门开闭等）和旅客上下列车的图像信息。

在各机房、变电所、设备区等处设置摄像机，用于提供信号、供电、通信等设备工作状态的图像信息。

（2）车站图像显示及控制 车站控制室设置监视器和监控终端，用于行车监控和防灾监控。采用 ISCS 时，还要设置一台行车 ISCS 终端。通过监控终端或 ISCS 终端，车站值班员可以完成视频图像的显示及控制，通过视频处理设备，可以完成视频信号的放大、分配、多画面分割、切换、编码和字符叠加等功能。

在车站上下行站台的列车驾驶室停车位置，按车辆行驶方向分别设置上下行监控终端，用于显示同方向站台的图像，供列车司机监视站台旅客上下车情况。

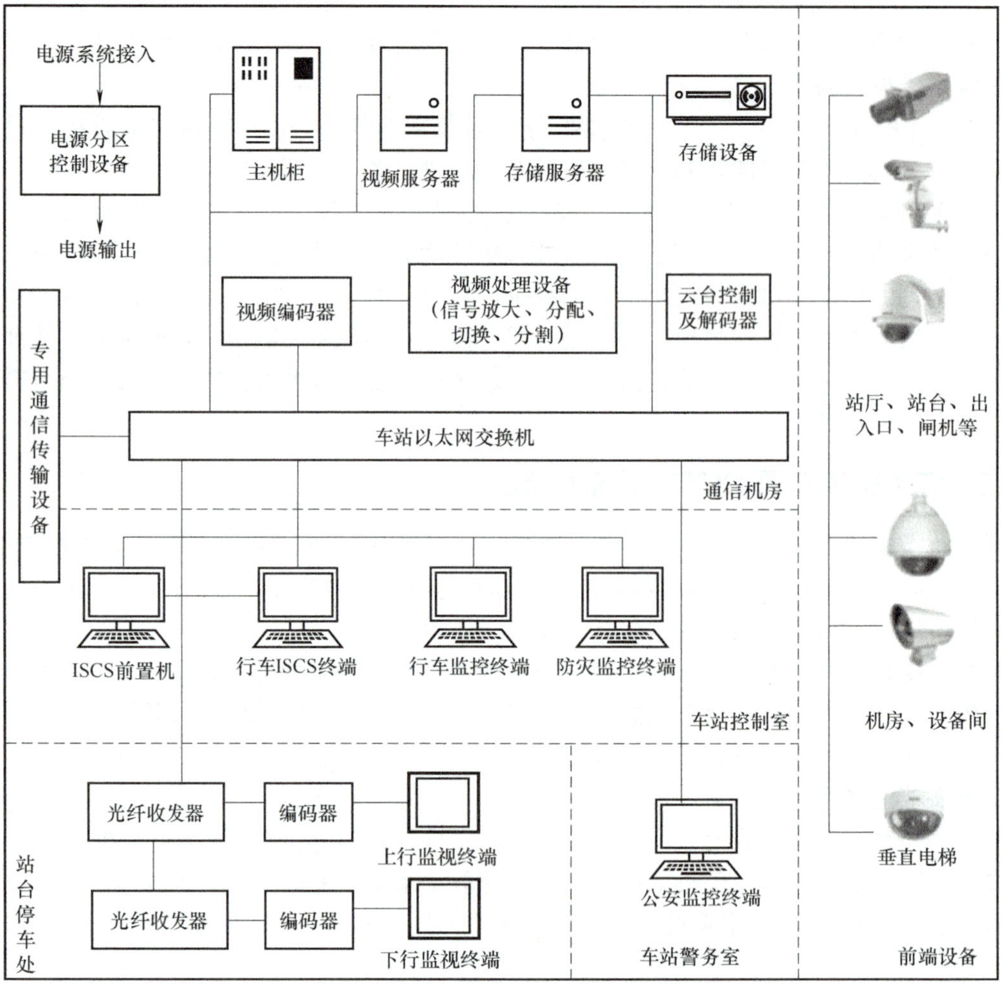

图 4-3　车站监控系统的组成

ISCS—综合监控系统

在车站警务室设置视频监控终端，与公安部门视频监控系统联网，用于公安安防，处理纠纷、事故等情况。

（3）录像存储设备及存储服务器　在各车站的通信机房各设置一套存储设备，应具有扩容能力，容量足够大。车站存储服务器一般为双机热备，必须保证任意一台存储服务器出现故障，备用服务器自动接管。一个车站存储设备发生故障时，视频信息可自动切换至控制中心存储设备，不会导致视频信息的丢失。

（4）车站视频服务器　视频服务器完成本地监控视频的认证处理、控制、配置、图像选择、优先级等信息，不进行图像的集中处理，当服务器故障或网络中断时，不影响正在进行的视频流的存储和监视。视频服务器不得与存储服务器共用，在本地视频服务器故障时，可由控制中心视频服务器完成相应功能，实现视频服务器异地备用。

（5）电源的供给　控制中心、各车站通信设备室提供 UPS 一路。监控系统车站设备的电源均引自车站的闭路电视机柜，车站室外设备（如摄像机、站台监视器等）的电源采用分区就近从现场摄像机电源箱引电，现场摄像机电源箱再从设备房的闭路电视机柜引出。

（6）信息传输方式　车站控制室、通信机房、前端设备间的信息交换，均通过车站的以太网交换机完成。

前端网络摄像机直接编码压缩，数字摄像机视频电信号传输距离受传输距离的限制。当车站和机房距离超过限制时，可以采用光纤收发器，将电信号转换成光信号，利用光纤远距离传输。光纤收发器需带网管功能，前端设备应安装在摄像机防护罩内。

各车站站台监视器到通信设备室机柜的视频信息可以采用视频电缆或者光纤进行传输。

2. 控制中心监控系统

控制中心监控系统主要完成对本线路管辖范围内的视频信号的显示和控制，并通过回放终端回放视频信息。控制中心监控系统的组成如图 4-4 所示。

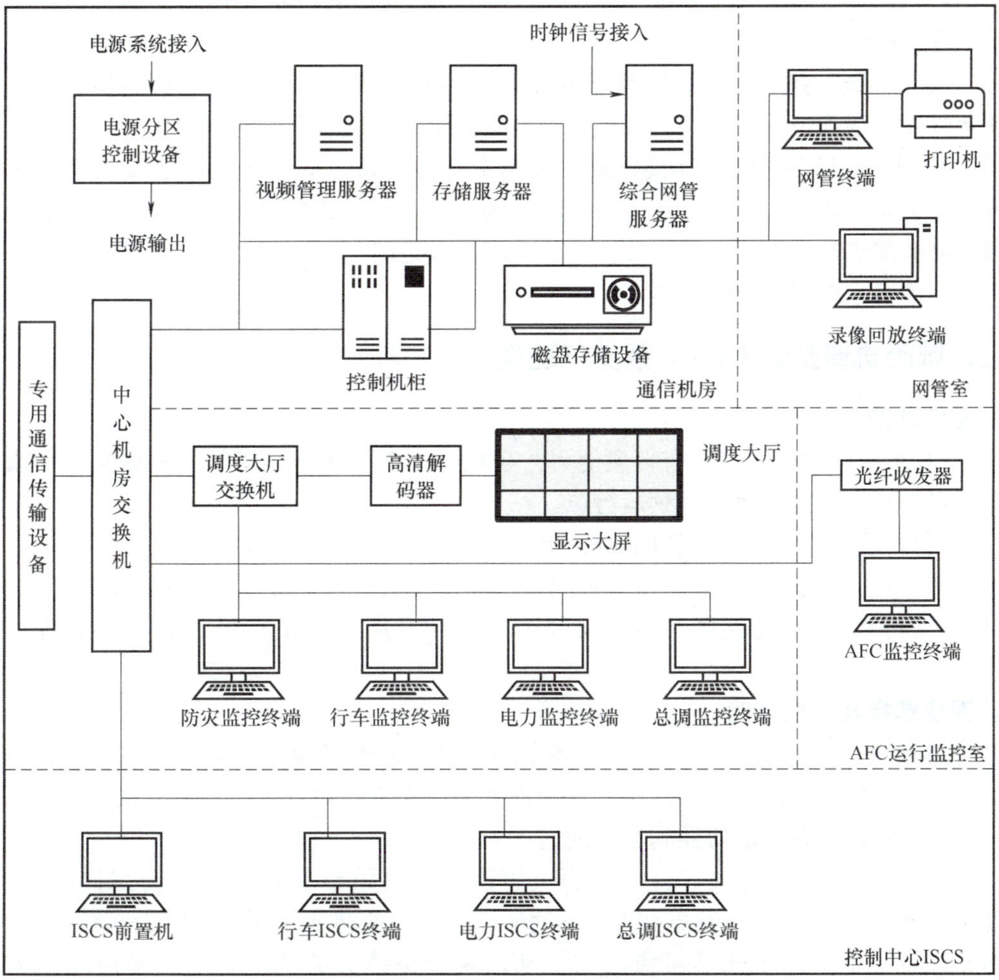

图 4-4　控制中心监控系统的组成

（1）控制中心图像显示及控制　在控制中心调度大厅，分别设置总调监控终端、行车监控终端、电力监控终端、防灾监控终端，一般均采用彩色液晶显示器。当采用 ISCS 时，设置相应总调、行车、电力 ISCS 终端。同时设置显示大屏，一般由 ISCS 提供，CCTV 系统负责提供全线车站的任意图像信号至显示大屏。

在 AFC（自动售检票）系统运行监控室，设置 AFC 监控终端，实现对售检票情况的监控。

控制中心监控系统接收各车站及车辆段、停车场、列车发送的全部图像信息，选取其中重要的图像经解码后送入控制中心大屏，为相关人员提供视频图像，并能将相关图像送入应急指挥中心。同时选取图像送入中心调度员监视器，各调度员通过监控终端对各车站上传的图像进行显示和控制。中心调度员能够在远程遥控车站任何一台一体化摄像机云台的转动及变焦镜头的焦距调节，并可进行云台变速控制。

（2）视频处理　通过视频管理服务器及各监控终端，完成视频的处理，与车站的视频处理功能相同，两者相互独立，互不干扰。

（3）回放终端　在控制中心设置存储服务器、磁盘存储设备及回放终端，负责全线录像信息的查询和回放。

（4）网管系统　控制中心设置综合网管服务器和网管终端，可对系统的摄像机、交换机、视频监控终端等设备进行综合管理，对设备的运行情况进行综合检测。

（5）控制中心设备之间的连接方式　控制中心各设备之间均采用中心交换机和传输设备进行信息交换。调度大厅的显示大屏、相应的监控终端和通信机房的设备机柜、服务器之间采用同轴电缆或专用控制电缆连接。当传输距离较远时，如交换机到 AFC 监控终端之间，要采用光纤传输，配置光纤收发器。

三、城市轨道交通 CCTV 系统的功能

1. 总体功能

1）所有平台软件模块应具有自愈能力，当意外掉电、网络故障等问题修复后，服务器自动恢复到故障发生前的状态继续运行。

2）平台管理软件应支持配置的保存和恢复，具有快速故障恢复能力。

3）控制中心视频服务器应支持时钟同步功能，可从时钟系统提取标准时间。

4）应支持双 IP 地址配置，同时向两个子网（专用和公安）的设备提供管理、服务功能。

2. 图像选择及监控功能

1）控制中心、公安部门可监视全线各车站情况，通过视频监控终端，控制全线任意车站任何一台一体化球形摄像机的转动以及变焦镜头的调节，对各个车站所有摄像机摄取的画面进行选择、观看，并可以切换到相应的显示大屏上。

2）各车站的行车、防灾、公安值班员可监视本站站台、站厅及自动扶梯、出入口、售票处、票务室、检票口和设备机房等处情况。可以通过设置在本站的视频监控终端，控制本站任意一台一体化球形摄像机的转动以及变焦镜头的调节，显示多路画面的任意组合。同时，上下行站台摄像机的视频信号送入相应显示器，供列车司机监视站台旅客上下车情况。

3）控制中心、车站、公安部门的视频监控终端均能显示摄像机被占用的情况，云台要有占用指示，云台被占用的信息必须叠加在视频图像上，如图 4-5 所示。

图 4-5 字符叠加及云台控制

3. 综合监控系统（ISCS）的控制功能

详见本单元课题三中控室的介绍。

4. 字符叠加功能

字符信息的叠加应能够实时完成，保证预览图像和回放图像的一致。叠加字符的内容一般包括车站站名、摄像机位置、日期时间等，有时还需叠加操作员用户名，如图 4-5 所示。

5. 录像存储功能

具备实时录像存储功能，可采用直存方式或存储服务器转存模式。具有时间校准的功能，以便对输入的所有图像录制时间进行校准。提供的存储容量能满足系统要求，当发生存储中断等异常情况时，提供录像检测报警。

6. 图像回放及检索功能

存储的图像可进行网络回放、刻录和检索。能按记录的时间、日期、站名、摄像机位置等信息进行分类检索并回放，并能支持光盘刻录复制，回放时不影响录制。

7. 优先级设置功能

1）闭路电视监控系统可设置优先级，不同调度员优先级可在控制中心通过软件调整或扩展，所有云台的优先级也可灵活设置。例如，某市轨道交通运营控制的优先级设置，第一级：车站防灾值班员；第二级：中心防灾调度员；第三级：中心行车调度员；第四级：车站行车值班员；第五级：中心电力调度员。

2）如果车站出现紧急情况，所有控制权限也可以在特定情况下进行快速调整。例如：正常情况下服务于运营的云台优先级以运营为最高，一旦某车站出现特殊情况，相关云台的控制优先级权限需转移至公安。

8. 电源远程控制及分区

系统应支持电源分区控制的功能，并能实现对站台监视器的电源控制。

9. 视频服务器异地备用功能

1）车站视频服务器故障时，由控制中心视频服务器完成其相应功能。

2）派出所或轨道交通公安分局视频服务器一方故障时，由另一方完成其相应功能。

10. 联动功能

（1）与门禁系统联动　能根据门禁的触发信息完成对相关区域图像的自动摄取和显示。

当有人进入车站票务室或变电所时，能够控制室内云台转到特定位置，摄取进入人员的图像，并自动切换到相应监视器上。

（2）与防灾报警功能联动　综合监控系统收到报警信息后，联动车站视频设备，把发生灾情区域摄像机的图像切换到车站控制室的监视器上，同时控制视频存储系统进行录像。

11. 视频网管功能

网管系统可对系统的摄像机、交换机、视频监控终端、编解码器、画面分割器、视频服务器、存储设备、字符发生器等设备进行参数设置、编程、故障告警及电源控制等综合管理，对设备的运行情况进行综合检测。比如，对全线所有摄像机进行状态检测，对视频丢失等异常情况发出告警；能识别系统故障，并能对设备发生的故障进行定位及告警。

12. 系统扩展功能

要求不影响既有设备的使用，较少增加必要的硬件设备即可完成系统的扩展。

13. 时间同步功能

支持时钟同步功能，可从时钟系统提取标准时间，用于 CCTV 系统。

课题二　典型设备的应用

一、监控系统的设备组成

1. 车站监控系统的设备组成（见图 4-3）

（1）前端设备　包括各种室内/外摄像机及配套设备（云台、防护罩等）、拾音器（高清摄像机配套）和光纤收发器。

（2）车站通信机房设备　包括光纤收发器（高清摄像机用、站台监视用）、视频分配器、视频编码器、以太网交换机、视频服务器、存储服务器、存储设备、电源分区控制设备、视频网管主机和机柜等。

（3）车站控制室设备　包括各种视频监控终端（行车、防灾）。

（4）站台设备　在列车驾驶室停车位置有光纤收发器（站台监视用）、解码器、液晶监视器。

（5）车站警务室　包括各种视频监控终端（公安）。

2. 控制中心监控系统的设备组成（见图 4-4）

（1）调度大厅设备　包括以太网交换机、解码器、视频监控终端（防灾、行车、电力、总调）、电源分区控制设备和机柜。

（2）通信机房设备　包括以太网交换机、车载视频切换服务器、视频管理服务器、综合网管服务器、视频存储服务器、存储设备、光纤收发器、解码器、电源分区控制设备和机柜等。

（3）网管室设备　包括网管终端（含打印机）、录像回放终端。

（4）AFC 运行控制室设备　包括光纤收发器、视频监控终端（AFC）。

二、监控系统的典型设备应用

1. 摄像机及配套设备

（1）摄像机　摄像机处于系统的最前端，它将被摄物体的光图像转变成电信号——视频信号，为系统提供信号源，因此它是系统中最重要的设备之一。

摄像机按结构分为固定式、半球型、球型、枪型等；按图像颜色分为黑白型、彩色型和彩色\黑白自动转换型；按输出图像信号格式分为模拟型和数字型；按图像质量又分为高清和标清两种；另外还有普通摄像机和网络摄像机之分。其中一体化球型摄像机集一体机化摄像机和云台于一身，具有快速跟踪、360°水平旋转、无监视盲区和隐私区域遮蔽等特点，目前得到广泛应用。而网络摄像机是融摄像、视频编码、网络服务于一体的高级摄像设备，内嵌了TCP/IP，可以直接连接到网络，因此具有很好的应用趋势。各种常用摄像机外形如图4-6所示。

a)　b)　c)　d)

图4-6　常用摄像机

a）云台摄像机　b）半球型摄像机　c）一体化球型摄像机　d）高清红外网络摄像机

轨道交通中，需要根据车站的布局情况设置监视点，不论是站台区、站厅区还是出入口等处均应设置摄像机进行监视，有些还在城市轨道交通通道内设置摄像设备。车站站台区的摄像机除为车站值班人员提供图像信息外，还为列车司机提供旅客上、下车及车门开关情况的信息，通常采用固定式，根据站台的长度，可在上、下行站台分别设置，摄像范围应能覆盖上、下行站台。站厅区和出入口的摄像机为车站值班员及控制中心调度部门提供图像信息，摄像机取景范围要求大而且可变，故常采用球型摄像机或带云台的摄像机，以调节摄像方位和角度等。

（2）摄像机配套设备　摄像机的配套设备包括摄像机镜头、云台、防护罩、支架、解码器和拾音器等。

云台可以带动摄像机做水平转动或俯仰运动，扩大摄像机的监视范围，同时能在一定范围内跟踪目标并进行摄像；防护罩可以防止摄像机和镜头遭到人为破坏，避免其受到有害气体、尘土等不良环境的影响；解码器则用来完成控制中心对摄像机镜头、全方位云台的控制；拾音器用来采集环境声音，并接入相应的摄像机进行同步编码，以实现视频、音频的同步监视、监听及存储。

2. 光纤收发器

光纤收发器将电信号转换成光信号，利用光纤远距离传输，在接收端再转换为视频电信号。城轨监控系统中，视频信号的传输一般采用各种电缆，但传输距离较远时，需考虑用光纤远距离传输，这时要用光纤收发器完成信号转换。

3. 监视器

监视器是电视监控系统的终端显示设备，也叫作视频监控终端。整个系统的状态最终都要体现在监视的屏幕上。监视器的优劣直接影响着整个系统的最终效果。

监视器的发展经历了黑白到彩色，闪烁到不闪烁，CRT（阴极射线管）到 LCD（液晶）的发展过程，目前，CCTV 系统中大多使用彩色液晶监视器、高清液晶监视器。

（1）车站监视器　车站监视系统使用人员包括车站值班员和列车司机，监视器一般设置在站台和车控室两个地方。

站台上的监视器为列车司机提供站台信息及车门开启、关闭信息，监视器一般设置在站台的头尾上方，采用悬挂式安装。其图像可采用分割方式显示，即一个屏幕上显示几个画面，也可采用一个屏幕单独显示一个画面。

车站控制室的监视器一般为车站值班员提供站台列车、客流及站厅内的图像信息，一般设置两台监视器显示站台信息，另外一台或两台监视器显示站厅信息；也可采用车站控制主机上的显示屏显示多路画面信息的方式。

（2）控制中心监视大屏　车站监控系统中采用监视器就可完成监控显示功能，而在控制中心汇聚所有车站的视频信息，需要上传的图像较多，需采用监视屏幕墙作为显示设备，如图 4-7 所示。监视屏幕墙一般由几个监视器组成，随着电子技术的发展，在城市轨道交通中的屏幕墙也有采用拼接方式的监视屏幕墙。大屏幕拼接墙是由多个显示单元以及图像控制器构成的显示系统，一般用于一个画面的超大屏幕显示以及多个画面的多窗口显示。监视大屏一般与其他系统（如行车指挥）共用，由 ISCS 统一提供。

图 4-7　北京地铁某线控制中心监视大屏

4. 视频处理设备

视频处理设备包括视频均衡放大器、信号分配器、多画面分割器、视频信号切换器和视频编码器等。

（1）视频均衡放大器　连接车站各摄像机，降低由视频信号长距离传输所引起的衰减及干扰，为后端视频设备提供具有完整的幅度、对比度和清晰度的视频信号。

（2）视频信号分配器　将经过均衡器处理后的视频信号分配到各个输入点，如图像合成器、视频切换矩阵、硬盘录像机等。

（3）视频信号切换器　即视频矩阵，为车站值班员提供车站监视图像的处理、切换与控制平台。例如，通过键盘控制多个输入视频的切换输出、摄像机的变速操作等。

视频矩阵具有字符叠加功能。对各输入图像信号进行字符叠加，叠加后的图像经矩阵交换输出至监视器上显示，内容包括摄像的时间、日期以及摄像机的区域位置信息，方便操作人员使用，而且便于以后提取录像使用。

（4）多画面分割器　将车站视频矩阵输出的多路全交换视频信号分割合成一路视频信号，并重新输入至视频矩阵，可在监视器上得到一个同时显示多幅画面的合成图像。

5. 控制台

主控键盘也称操作台，是监控操作人员用来操控云台、调节摄像机焦距以及在监视器上切换显示画面的设备。在控制键盘上设有很多数字键及功能键，其中数字键用于选择摄像机输入及监视器输出，功能键用于对选定的前端设备进行各种控制操作，面板键盘、主控键盘允许对系统进行编程设置。在控制键盘上通常还设有 LED 显示屏或液晶显示屏，用于显示控制指令或系统内各监视点的工作状态。

6. 录像存储设备

录像存储设备能够将需要的视频信息保存下来，并达到存储时间和存储质量的要求。

传统的录像存储设备，一种是 PC 型硬盘录像机，另一种是专用硬盘录像机。PC 型硬盘录像机实质是一台专用工业计算机，利用专门的软件和硬件将视频捕捉、数据处理、图像记录、自动警报集于一身。优点是控制功能和网络功能较为完善，不足之处是不能长时间连续工作。专用硬盘录像机采用面板上的按键控制，不再采用鼠标和键盘，操作系统一般是各厂家自行研发的操作系统。优点是操作简便，能长时间连续工作；不足之处是其控制功能和网络功能尚不完备。

目前，城市轨道交通中，广泛使用数字硬盘录像机，它的网络功能进一步完善，可以用网络集线器连接，将所录制的视频信号共享于网络传输通道，以便于在控制中心专用终端上调看、回放。

另外，最新型的录像存储系统采用存储服务器加网络存储设备（如 IPSAN）的方式，具有存储时间长、存储信息量大、视频信息全共享等优点。当车站任意一个存储设备发生故障时，视频信息可自动切换至控制中心存储服务器进行存储，不会造成视频信息的丢失。

三、闭路电视监控系统的运行维护

闭路电视监控系统是维护城市轨道交通运行、保证运输安全的重要手段，因此要求该系统能 24h 不间断运行。所以，对 CCTV 系统运行管理的主要目的是保证系统设备的不间断、正常运行，在任意时间，能根据需要随时控制现场设备的动作，实时提供现场视频图像，并进行实时录制。

CCTV 系统的运行管理是通过对设备的操作和定期的巡视与维护，确保系统的正常运行，并在此基础上及时处理系统故障，确保其正常运行使用。运行管理的内容，一方面包括使用人员的日常使用及必要的维护，另一方面是系统维护人员的预防性维护和故障处理。

课题三　中　控　室

一、中控室（OCC）概述

中控室即中央控制室，也称为控制中心（Operating Control Center，OCC）。在城市轨道交通领域内，通常把单条轨道交通线路的控制中心称为 OCC，即一线一中心的模式，这是最常见的一种轨道交通运营管理模式。随着轨道交通事业的发展，近些年来还出现了对全市轨道交通所有线路进行管理的轨道交通指挥中心，称为 TCC（Traffic Control Center），即全市一中心的管理模式。

OCC 是轨道交通行车调度指挥和监督中心、电力供应和各种设备的监控中心，也是运营管理的基础信息中心。在紧急情况下，OCC 还是指挥乘客紧急疏散和抢险救灾的信息处理、指挥和监控中心。OCC 的建筑可以每一条线独立建设一个，也可以多条线路合建，提高利用率。图 4-8 所示为北京地铁某线的 OCC 现场图片，其中显示大屏分别为信号（SIG）系统、CCTV 系统和线路主控系统（MCS）的监控画面。典型 OCC 显示大屏如图 4-9 所示。

图 4-8　北京地铁某线 OCC 现场图

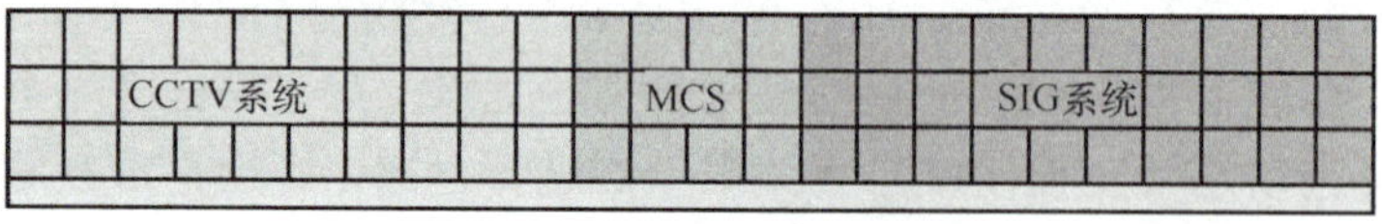

图 4-9　典型 OCC 显示大屏

二、OCC 的功能

控制中心调度指挥人员，通过各类相关的集中监控系统设备，指挥全线的正常列车运行，以及故障或灾害情况下的列车运行。具体功能如下：

1）负责本轨道交通线路日常运营的调度指挥工作，包括行车调度、电力调度和环境调度等。

2）实现对本线路所属的各机电设备系统的运行监控及维修调度。

3）负责本线路运营的组织协调，完成突发事件时的指挥和恢复工作。

4）实现与上级管理部门、外单位部门之间的数据交换和资源引入。

5）实现运营部门与乘客之间的信息交流和存储。

控制中心功能的实现依赖于各设备系统的组成，从图 4-10 可以看出，OCC 通过综合监控系统完成对车站级和设备级的监控。在轨道交通各设备系统中，信号系统、通信系统、供电系统、自动售检票系统、环境控制系统、火灾报警系统、乘客信息系统等具备自己的中央级控制设备，综合监控系统只完成各系统的操作界面集成；而电梯系统、通风空调系统、安全门系统等车站独立设备系统没有自己的中央级控制设备，车站级设备的运行状态、故障信息是通过综合监控系统来完成接入的，从而在 OCC 实现设备远程监控管理的功能。

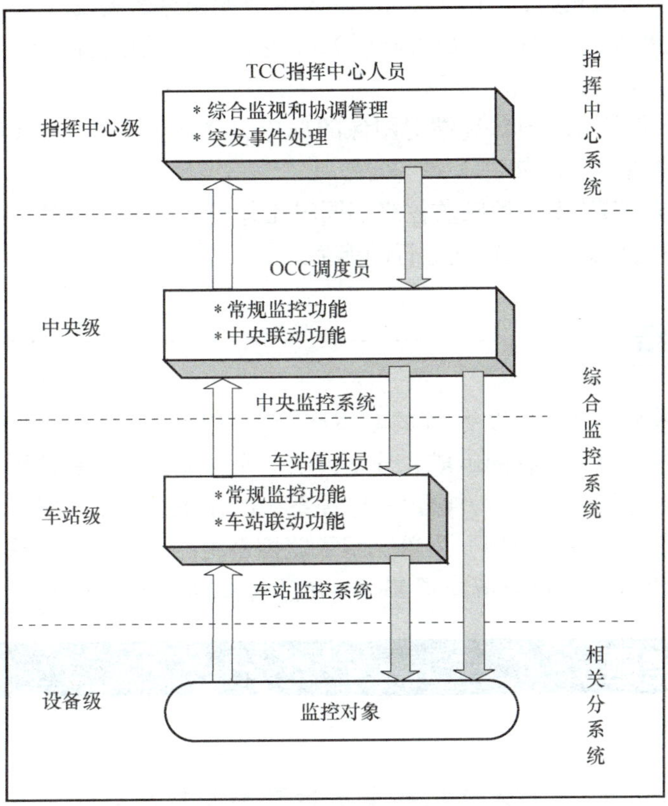

图 4-10　OCC 功能图

三、综合监控系统（ISCS）

1. ISCS 系统介绍

轨道交通综合监控系统（Integrated Supervisory Control System，ISCS）采用现代化的计算机网络、自动控制、通信及分布智能等技术，构建统一的计算机集成、互联平台。

ISCS 实现对信号（SIG）系统、广播（PA）系统、闭路电视（CCTV）系统、自动售检票（AFC）系统、门禁（ACS）系统、时钟（CLK）系统等子系统的互联。互联即 ISCS 与各子系统采用松耦合的结构，子系统与 ISCS 有数据交换但其数据处理相对独立。

ISCS 实现对环境与设备监控系统（BAS）、火灾自动报警系统（FAS）、变电所综合自动化系统（PSCADA）等子系统的集成。集成即 ISCS 与各子系统之间存在紧密的耦合关系，子系统的数据处理、监控功能、人机界面均通过 ISCS 完成，正常情况下集成的相关系统依赖 ISCS 实现正常操作功能。

ISCS 以集成、互联的方式与各接入系统进行信息交换，最终实现对各专业设备的集中监控功能和各系统间的信息共享和协调互动功能。确保设备处于安全、高效的最佳运行状态，充分发挥各种设备应有的作用，保证乘客的安全和设备的正常运行。

2. ISCS 对 CCTV 系统的控制作用

在采用 ISCS 的城市轨道交通系统中，CCTV 系统在控制中心及全线车站均与 ISCS 联网，并开放系统的内部协议及相关程序接口，由 ISCS 完成操作界面集成。

1）控制中心调度员、车站值班员可利用 ISCS 终端发送操作控制指令，将图像调入视频监控终端的显示器上或者大屏幕上显示。

2）在控制中心和车站，ISCS 终端对图像的选择、控制功能等同于 CCTV 的视频监控终端，但本身不具备图像显示功能。

3）ISCS 终端与 CCTV 系统视频监控终端同时工作时，它们之间的操作相互独立、互不干扰，CCTV 系统具有脱离 ISCS 独立运行的能力。

单元小结

本单元首先简单介绍了 CCTV 系统的基本概念，以及城市轨道交通中 CCTV 系统的作用；然后重点介绍了 CCTV 系统的组成，分别说明了车站监控系统和控制中心监控系统的作用，总结了 CCTV 系统的主要功能；给出了监控系统的设备组成，并以摄像设备、监视器等为例，重点讲解了典型设备的应用，简单介绍了监控系统的运行维护方法；最后，介绍了控制中心 OCC 的概念及功能，重点解释了 ISCS 的应用，以及 ISCS 对 CCTV 系统的控制作用。

复习思考题

一、填空题

1. ________________是城市轨道交通运营和管理现代化的配套设备，是维护________________、保证________________的重要手段。

2. CCTV 提供的图像信息，一部分用于__________，另一部分用于__________的消防楼宇监控，还有一部分用于__________，处理纠纷、事故等情况。

3. 典型的闭路电视监控系统主要包括__________、__________、__________以及__________四部分。

4. __________是电视监控系统的前沿部分，是整个系统的“眼睛”，包括__________、__________、防护罩、支架和__________等。

5. __________是整个闭路电视监控系统的核心，负责所有设备的__________与图像信号的__________。

6. 城市轨道交通中，CCTV 系统一般由__________、__________两级子系统组成，均可对系统内的图像进行__________，监控功能相互独立，互不影响。

7. 车站监视系统使用人员包括车站值班员和列车司机，监视器一般设置在__________和__________两个地方。

8. __________即视频矩阵，为车站值班员提供车站监视图像的__________、__________与__________平台。

9. __________是轨道交通行车调度指挥和监督中心、电力供应和各种设备的监控中心，也是运营管理的基础信息中心。

10. 综合监控系统（ISCS）实现对__________、__________、__________、自动售检票系统、门禁系统、时钟系统等子系统的互联。

二、判断题

1. 闭路电视系统是一种图像通信系统，与电视台开路电视广播不同，CCTV 的电视信号只传送到指定用户，也称为闭路电视监控系统。(　　)

2. CCTV 系统的前端设备与控制中心设备通过显示部分进行通信，显示部分主要完成图像信号和控制信号的传输。(　　)

3. 传输系统把现场传来的图像信号在监视设备上显示，一般由监视器、监视屏幕墙或计算机显示器组成。(　　)

4. 摄像机处于系统的最前端，它将被摄物体的光图像转变成电信号，为系统提供信号源，因此它是系统中最重要的设备之一。(　　)

5. 中控室即中央控制室，也称为控制中心，在城市轨道交通领域内，通常把单条轨道交通线路的控制中心称为 TCC。(　　)

6. ISCS 终端与 CCTV 系统视频监控终端同时工作时，它们之间的操作相互独立、互不干扰，CCTV 系统具有脱离 ISCS 独立运行的能力。(　　)

三、选择题

1. CCTV 系统向（　　）提供各站台区行车情况和站厅区旅客流向的图像信息。

A. 调度中心一级行车管理人员　　B. 车站行车值班员

C. 列车司机和站台工作人员　　D. 以上都不对

2. 车站监控系统中，在（　　），安装适当个数的摄像机，用于提供站台区行车情况和旅客上下列车的图像信息。

A. 站厅、售票处　　B. 上下行每侧站台

C. 各机房、变电所　　D. 以上都对

3. 在城市轨道交通中，CCTV 系统的录像存储设备包括（　　）。

A. 数字硬盘录像机　　B. PC 型硬盘录像机

C. 存储服务器加网络存储设备　　D. 以上都对

4. 在城市轨道交通中，CCTV 系统的联动功能，包括和（　　）的联动。

A. 时钟系统　　B. 信号系统

C. 门禁系统、防灾报警　　D. 自动售检票系统

5. 控制中心汇聚所有车站的视频信息，需要上传的图像较多，一般采用（　　）作为显示设备。

A. 单台监视器　　B. 监视屏幕墙

C. PC 显示器　　D. 以上都不对

四、问答题

1. 什么是 CCTV 系统？城市轨道交通中，CCTV 系统的主要作用表现在哪些方面？

2. CCTV 系统的一般组成包括哪几部分？分别有什么作用？

3. 车站监控子系统中，摄像设备如何设置？分别提供什么图像？

4. 简述城市轨道交通 CCTV 系统的主要功能。

5. 控制中心监控系统由哪些设备组成？

6. 车站监控系统由哪些设备组成?
7. CCTV 系统的视频处理设备有哪些? 分别有什么功能?
8. 车站监视器如何设置? 分别有什么作用?
9. 什么是 OCC? OCC 的功能有哪些?
10. 什么是 ISCS? ISCS 实现对哪些系统的集成和互联?
11. ISCS 对 CCTV 系统的控制作用体现在哪些方面?

05

单元五　广播电视系统

【学习目标】

1. 了解广播电视的基本原理。
2. 了解城市轨道交通广播系统的组成与分类。
3. 了解城市轨道交通电视系统的功能与组成。
4. 能够对城市轨道交通车站的广播设备进行日常巡查。

课题一 广播电视的基本原理

广播是人类社会在社会实践中日益增长的对信息的需求与现代科学技术相结合的产物。最早利用无线电波传送和接收声音的是美国匹兹堡大学教授、加拿大出生的费森登和被称为“无线电之父”的美国杰出发明家德福雷斯特，1906 年圣诞节前夕费森登主持播出了世界上第一次语言广播。1920 年，威斯汀纽豪斯公司在匹兹堡建立的 KDKA 电台正式广播。

中国共产党领导下的第一座人民广播电台，1940 年 12 月 30 日在延安试播。当时它是新华社的口语广播组织，故称延安新华广播电台。1949 年 9 月 27 日，改名为北京新华广播电台，12 月 5 日改称为中央人民广播电台。1958 年 5 月 1 日，我国大陆上建立了第一座电视台——北京电视台。1978 年，北京电视台改名中央电视台。

随着改革开放及市场经济的进一步发展，广播电视也由原来的纯事业向产业化发展。一方面，对影视节目的需求带动了我国电影，尤其是电视节目制作业的快速发展；另一方面，广播电视作为主要的媒体，广告成为主要的收入来源，经济发达地区、运营较好的电视台逐渐由原来需要事业经费支撑向赢利阶段过渡。自 2003 年启动有线数字电视以来，全国有线数字电视用户数发展迅猛。许多省级台和城市台已经完成全台业务一体化网络系统建设，为广播电台、电视台从单一业务模式向多种业务模式转变提供了有力的技术支撑。

声音和图像都有一个共同的特点：很容易受到空间的限制，无法传递得很远，也无法克服时间的约束。进入 20 世纪以后，伴随着电子技术的进步，人们发现，把声音和图像转化为电信号，很容易进行各种处理。广播电视系统是建立在原始声（像）场和重放声（像）场之间的许多广播电视器材的总称，它们之间互相配合，目的在于良好地传递广播电视信息。

一、广播

广播（Broadcasting）是指通过无线电波或导线传送声音的新闻传播工具。通过无线电波传送节目的称无线广播，通过导线传送节目的称有线广播。

1）按照技术标准分为模拟广播、数字广播。

2）按照传播方式分为无线广播、有线广播、卫星广播和网上广播。

3）按照传播信号分为电台广播、电视广播。

4）按照覆盖范围分为地方广播、全国广播（我国分为四级：中央、省、市、县）和国际广播。

为了保证通信效果，克服远距离信号传输中的问题，必须要通过调制将信号频谱搬移到高频信道中进行传输。这种将要发送的信号加载到高频信号的过程就叫调制，实际应用中，无论模拟信号还是数字信号，通常有三种最基本的调制方法：调幅（ASK）、调频（FSK）和调相（PSK）。数字信号其他各种调制方法都是以上方法的改进或组合，正交振幅调制（QAM）就是调幅和调相的组合；MSK 是 FSK 的改进；GMSK 是 MSK 的一种改进，是在 MSK（最小频移键控）调制器之前插入了高斯低通预调制滤波器，从而可以提高频谱利用率和通信质量；OFDM（正交频分复用）则可以看作是对多载波的一种调制方法。

其中，调频（FM）近距离的高保真广播制式，以直线方式传播，通常覆盖范围在几十公里左右，用差转台的方法可增加覆盖面积，是目前发展最快、数量最多、音质最好的广播制式。发达国家的有些城市竟有 30 个电台之多，且几乎都能够播放立体声节目。有些电台还利用其附属信道（SCA）来进行股市、教育等广播。广播传播范围广，传播速度快，穿透能力强。无论是对内广播还是对外广播，这一特点都是广播的优势。但是在对外传播中，广播的这一优势表现得更为突出。广播比报纸和电视具有更强的穿透力。因而它所能达到的范围、传播信息的速度，远远超过报纸和电视。这一点早已被国际传播的实践所证明。

广播是通过“声音”来传递信息的，受众是通过耳朵来获取信息的。这一特殊的传播和接收方式，决定了广播比其他任何媒介接收信息都要简单、方便。人们只要用听觉就可以得到信息。事实上，通过声音来传播信息，通过听觉来接收信息，是人类最基本的传播方式之一。只是广播比人自身发出的声音传播范围广、距离更远。迄今为止，在传播声音方面还没有一种传播手段比广播做得更“专业”。这是广播不可能被其他媒体所取代的最主要原因。另外，受众通过广播获取同样多的信息，要比电视、报纸、互联网更便宜。这种低成本的传播手段，使广播在众多媒体中，具有较强的竞争力。这是广播占领受众市场的一个十分有利的因素。

二、电视

电视（Television）用电的方法即时传送活动的视觉图像。同电影相似，电视利用人眼的视觉残留效应显现一帧帧渐变的静止图像，形成视觉上的活动图像。电视系统的发送端把景物的各个微细部分按亮度和色度转换为电信号后，顺序传送。在接收端按相应的几何位置显现各微细部分的亮度和色度来重现整幅原始图像。

在几乎所有视频技术标准中，有一个重要的问题就是彩色信息的表述方法，也就是如何让显示设备还原出自然界的真实色彩。研究发现自然界景物的绝大部分的彩色光都能够分解成独立的红、绿、蓝三原色，即所谓的 R、G、B 三原色原理（R/RED/红色，G/GREEN/绿色，B/BLUE/蓝色）。这三种颜色的互相搭配构成了多彩的信号。

所谓电视制式，简单地说就是如何将 R、G、B 信号分解、传送和组合、接收再解调出 R、G、B 信号等流程中所使用的方式。黑白电视只传送一个反映景物亮度的电信号就行了，而彩色电视除了传送亮度信号以外还要传送色度信号。

1. 电视传播的主要制式

1）NTSC 制：起于美国，特点是成本低，兼容性能好，缺点是彩色不稳定。

NTSC 制（美国全国电视标准委员会，National Television Standards Committee）是美国在 1953 年研究出来的一种兼容性彩色电视制式。这种制式根据人眼分辨蓝、品红之间颜色细节的能力最弱，而分辨红、黄色之间颜色细节的能力最强，采用蓝、品红之间的色差信号 Q 和红、黄之间的色差信号 I 来代替蓝、红色差信号 U 和 V。用 Q、I 色差信号分别对初相位为 33°和 123°的两个同频色副载波进行正交平衡调幅，以便于解码分离和抑制副载波，调制后的两个色差信号经混合组成色度信号。为在接收端对色度信号进行同步检波，须在发送端利用行消隐期间送出色同步信号。这种制式的特点是解码线路简单，成本低。

NTSC 制主要在北美、日本和我国台湾等地区使用。

2）PAL 制：起于德国，是性能最佳、收看效果最好的制式，但成本最高。

PAL 制（逐行倒相，Phase Alternate Line）是 1962 年联邦德国为了克服 NTSC 制的相位

敏感性，即容易出现色调失真的缺点，在 NTSC 制的基础上，研究出来的一种兼容性彩色电视制式。PAL 制式用 U、V 色差信号分别对初相位为 0°和 90°的两个同频色副载波进行正交平衡调幅，并把 V 分量的色差信号逐行倒相。这样，色度信号的相位偏差在相邻行之间经平均而得到抵消。这种制式的特点是对相位偏差不甚敏感，并在传输中受多径接收而出现重影彩色的影响较小。

PAL 制应用在欧洲大多数国家，我国也采用 PAL 制式。

3）SECAM 制：起于法国，效果比 NTSC 好，但不及 PAL，缺点是成本较高。

SECAM 制（顺序传送与存储彩色电视系统，SEquential Couleur Avec Memoire）也是为改善 NTSC 制的相位敏感性而发展起来的一种兼容彩色电视制式，应用范围较小，1967 年在法国正式广播，还用于苏联和一些东欧国家。

SECAM 是在同时传送亮度、色度信号的情况下，发送端对红、蓝色差信号分别逐行依次传送。但在接收端解码时，需要同时有亮度和红、蓝色差信号才能还原出红、绿、蓝三原色信号，因此在接收解码器中利用延迟线将收到的其中一个色差信号储存一行的时间，再与下一行收到的亮度（已在发送端延迟一行）和另一个色差信号一起组成三个用作解码的信号。色度信号由红、蓝两个色差信号分别对有一定频率间隔的两个色副载波调频而成。这种制式的特点是受传输中的多径接收的影响较小。

2. 数字电视

数字电视被称为继黑白电视、彩色电视之后的第三代电视。数字电视是指从演播室到发射、传输、接收的所有环节都使用数字电视信号或对该系统所有的信号传播都是通过由 0、1 数字串所构成的数字流来传播的。数字电视相对模拟电视的巨大优势使之成为公认的下一代电视系统，而要将数字电视变成现实，业界需要完成复杂的系统性工作，而其中最重要的一环就是数字电视标准的制定。目前我国数字压缩电视广播还主要用在卫星电视和电缆电视的信号传输上，然后通过各地有线电视台解密后将模拟信号送入各户。

数字电视按传输方式分为地面、卫星和有线三种。我国未来数字电视的发展方向也基本遵循这三个方向：卫星数字电视传输标准 DVB-S、有线电视传输系统标准 DVB-C 和地面传输标准 DVB-T，为卫星、有线和地面电视频道传送高速数据铺平了道路。其中，DVB-S 规定了卫星数字广播调制标准，使原来传送一套 PAL 制节目的频道可以传播四套数字电视节目，大大提高了卫星的效率。DVB-C 规定了在有线电视网中传播数字电视的调制标准，使原来传送一套 PAL 制节目的频道可以传播四至六套数字电视节目。DVB-S 和 DVB-C 这两个全球化的卫星和有线传输方式标准，目前已作为世界统一标准被大多数国家所接受。

与模拟电视相比，数字电视有以下几个优点：

1）收视效果好，图像清晰度高，音频质量高，满足人们感官的需求。

2）抗干扰能力强。数字电视不易受外界的干扰，避免了串台、串音、噪声等影响。

3）传输效率高。利用有线电视网中的模拟频道可以传送 8 ~ 10 套标准清晰度数字电视节目。

4）兼容现有模拟电视机。通过在普通电视机前加装数字机顶盒即可收视数字电视节目。

5）提供全新的业务。借助双向网络，数字电视不但可以实现用户自点播节目、自由选取网上的各种信息，而且可以提供多种数据增值业务。

课题二　城市轨道交通广播系统

一、广播系统

广播系统作为城市轨道交通运营行车组织的必要手段，具有快速响应的能力，它用于对乘客进行广播，通知列车到站、离站、线路换乘、时刻表变化、列车晚点、安全状况等信息；在突发事故或紧急情况时，作为事故抢险、组织指挥的防灾广播，对乘客进行及时有效的疏导和指引，提高应急响应能力。此外，广播系统还可以对运营人员进行广播，发布有关通知信息，便于协同配合工作，提高服务质量。

1. 广播系统的组成

广播系统一般又称为扩声音响系统，其作用是将语音信息通过扩声系统发送并能重现声音。

广播系统主要由听觉系统（人的耳朵）、硬件系统（器材）、软件系统、音响系统及听音环境组成。

2. 广播系统的分类

1）室外扩声系统。室外扩声系统主要用于体育场、广场、公园、艺术广场等。

2）室内扩声系统。室内扩声系统是应用最广泛的系统，包括各类剧场、礼堂、体育馆、歌舞厅、卡拉 OK 厅等，它的专业性较强，不仅要考虑电声技术问题，还要涉及建筑声学问题，不仅要作语言扩声，还要能供各种文艺演出使用，对音质的要求很高，受建筑声学的影响较大。

3）流动演出系统。扩声系统有固定系统和流动系统两大类。

4）公共广播系统。公共广播系统为城市轨道交通、机场、宾馆、商厦和各类大楼提供背景音乐和广播节目，同时公共广播系统又兼有应急广播的功能。

5）会议系统。会议系统包括会议讨论系统、表决系统和同声传译系统。

6）车载广播。车载广播包括公交车广播、城市轨道交通列车用车载广播等。

3. 广播系统的组成

广播系统一般由音源、音频放大器和扬声器系统组成，如图 5-1 所示。

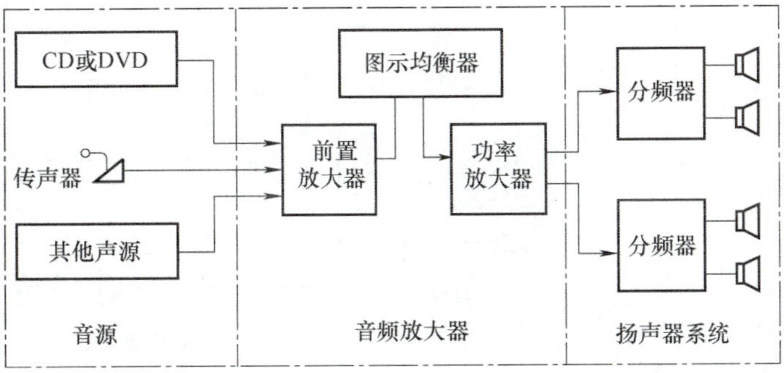

图 5-1　广播系统示意图

（1）音源　广播系统能够重现原始声音和原始声场，它需要有高保真音源设备。

1）传声器。

2）CD 播放机。

3）DVD 播放机。

4）MP3 播放机。

（2）音频放大器　音频放大器是广播系统的主体，包括前置放大器和功率放大器两部分，必要时可以插入图示均衡器。

1）前置放大器。

2）图示均衡器。

3）功率放大器。

（3）扬声器系统　扬声器系统由扬声器、分频器和箱体三部分组成，其作用是将功率放大器输出的音频信号分频段不失真地还原成原始声音。

1）扬声器。

2）分频器。

3）箱体。

二、城市轨道交通广播系统

城市轨道交通系统中，广播系统按设备安装的地点可分为两部分：一部分为地面广播；另一部分为车载广播。

1. 地面广播系统的组成

地面广播的作用是对乘客进行广播，通知列车到站和离站的信息，或播放音乐以改善候车环境，或在发生意外情况时疏导乘客。对乘客广播的播音范围主要是站台和站厅区。广播的另一个作用是对工作人员进行广播，其播音范围为办公区域、站台、站厅、隧道及车辆段、停车场范围内，以便及时发布与行车有关的信息，使工作人员协同配合工作。地面广播信息可以由控制中心广播台发出，也可由车站值班员发出。

地面广播系统一般由车站设备、传输线路和控制中心设备组成，如图 5-2 所示。

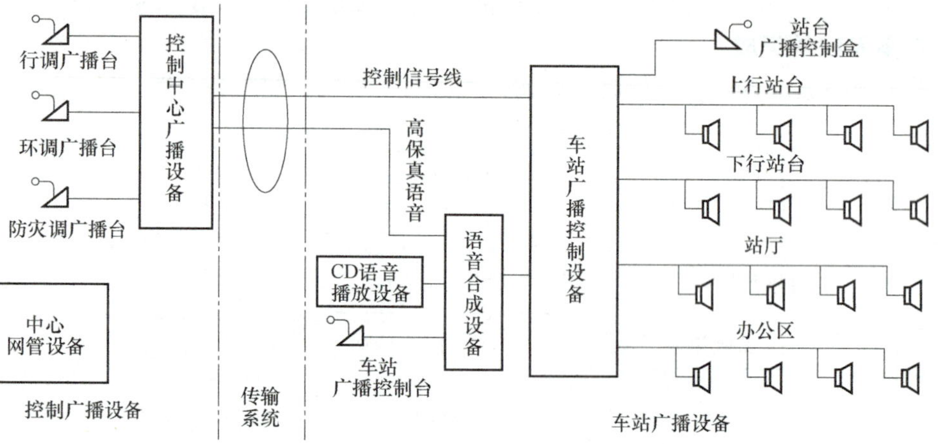

图 5-2　地面广播系统示意图

（1）车站广播系统设备　车站广播系统由车站值班员操作，通过操作车站广播控制台的键盘对信源、广播区、控制模式进行选择，对车站各广播区定向广播。

1）选区广播功能：控制台可对车站内的四个广播控制区的单一区域、多个区域或全部区域进行广播。

2）播放声源选区功能：控制台可通过按键选取声源，声源的种类包括传声器、语音合成、CD 或 DVD 播放机。

3）音量调整功能：播音人员可通过控制台音量按键来调节扬声器的音量，有些系统还具有自动调节音量的功能，其工作原理是系统安装噪声检测控制器，用来采集广播声场的背景噪声，向车站广播控制设备提供量化后的噪声电平数据。根据噪声的大小计算后自动调整音频信号的幅度，使现场的声音保持一定的强度，达到良好的收听效果。

4）优先级功能：站台广播控制台是为站台值班人员进行广播而设置的，当其正在广播时，车站控制室内控制台可直接强拆其广播进行播音，车站广播控制台具有高优先级广播功能。

5）监听选择功能：中心控制调度员可选择监听各车站广播区工作状态与广播内容；车站值班员可监听本站广播区工作状态和广播内容。

6）语音合成广播功能：车站的日常业务广播用语及专业用语可录制在语音合成储存器内，播音员通过键盘操作控制台播放已经存储的话音。

（2）控制中心广播系统设备　控制中心设备主要由调度人员操作，控制中心可对任意一个或多个车站的任意广播区进行广播，可对车站播放语音进行监听等。

（3）传输线路　广播系统传输线路包括两部分：一部分为本地传输线路；另一部分为控制中心到车站的传输线路。

（4）自动广播设备　随着城市轨道交通系统中通信与信号新技术的应用发展，二者之间的联系越来越紧密，有些信号系统可向广播系统提供列车进出站触发信号，广播系统设备将这些信号转化后，由广播控制台起动自动广播设备进行全自动广播，其内容包括列车停靠、进出站信息、安全提示和向导。

（5）车站广播控制台操作　车站广播控制台面板上设有传声器、液晶显示屏、键盘区等设施，键盘区分为信源选择键、广播区编组键和语音合成选择键、监听控制功能键、应急广播操作键等，下面介绍常用的工作模式。

1）语音合成选广播区模式。在车站广播控制台上可实现向本站的单一区域、多个区域、全部区域进行语音合成广播。可通过编组键对几个区域进行编组广播，也可通过删除键将已编好的广播组删除，重新编组。语音合成键是将编制好的语音信息播送出去，播放时选择需要播放的信息数字键即可，停止时按“停播”键。

2）传声器广播模式。在广播控制台上选择话筒按键，再选择播放区域，即可对所选择的区域进行人工广播。

2. 车载广播系统的组成

车载广播的主要作用是给乘客发布到站信息以及播放一些背景音乐，同时在紧急情况下可向乘客播放信息。

（1）地面列车车载广播系统　由于列车行驶在地面，车上可接收到 GPS 定位信号，车载广播一般采用 GPS 接收机定位触发，实现自动广播方式，如图 5-3 所示。

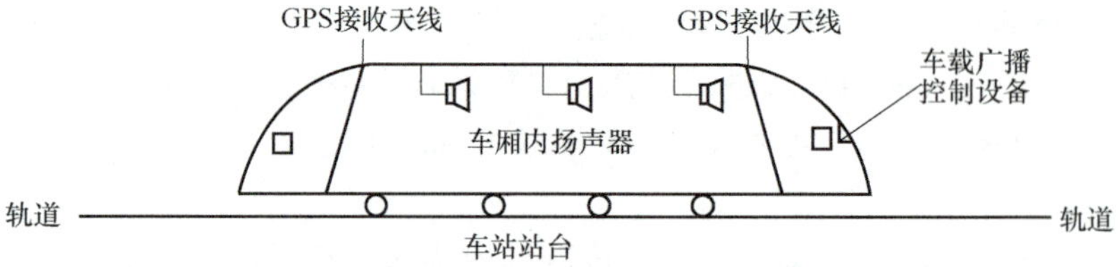

图 5-3　地面列车车载广播系统示意图

（2）隧道列车车载广播系统　城市轨道交通内的列车一般行驶在隧道内，无法接收 GPS 定位信息，需要通过轨道电路触发设备来实现自动播发广播信息的功能，系统结构如图 5-4 所示。

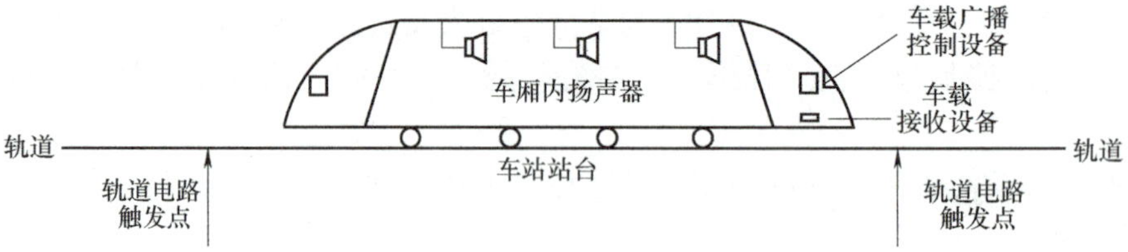

图 5-4　隧道列车车载广播系统示意图

课题三　城市轨道交通电视系统

城市轨道交通电视系统是依托数字多媒体技术，以车站和车载显示终端为媒介向乘客提供电视服务的系统。系统在正常情况下，可以智能地定制多种格式的多媒体节目，通过数字传输系统传送到车站，车站播放系统自动按照定制的信息格式通过各显示终端播放多媒体节目；在火灾、阻塞等非正常情况下，切换至全屏播放 PIS（乘客信息系统）的动态紧急疏散提示信息，最大程度保护乘客的人身财产安全，使乘客通过正确的服务信息引导，安全、便捷地乘坐轨道交通。

数字移动电视是国际公认的新兴媒体，被称为“第五媒体”。它以数字技术为支撑，通过无线数字信号发射、地面数字接收的方式播放和接收电视节目。它最大的特点是在处于移动状态、时速 120km 以下的交通工具上，保持电视信号的稳定和清晰，使观众可以在移动状态中轻而易举地收看电视节目。

数字移动电视的特点有以下几点：

1. 技术数字化

数字移动电视采用的数字技术，科技含量高，技术创新强，在交通工具时速 120km 的状态下节目接收清晰、画面和音响效果好。

2. 即时传播

数字移动电视的出现，让移动人流随时随地可以看到电视，获得更多更新的资讯，极大地满足了快节奏社会中人们对于信息的需求，同时也丰富了市民文化生活。乘客即使在堵车时，也可以通过看清晰有趣的电视节目来消除烦恼。

3. 垄断性传播

传统的电视传播中，受众拥有相对主动性——他可以选择何时看、看什么，随时更换频道，这对广告传播的效果是不太理想的。移动电视传播环境下的受众处于相对被动地位，具有对某一预设好的传播内容的必视性——除非你闭眼不看。移动电视的垄断性传播，剥夺了观众手中的“遥控器”和随时更换频道的权利，有利于培养社会大众群体性收看同一节目的自觉性，这对于某些预设好的内容（比如广告）来说，传播效果更佳。

4. 内容的易获性

数字移动电视系统是由传媒公司和交通系统协作统一投资建设的，受众无需增加个人投资和消费成本，只需付出“注意力资源”，易为受众接受。从这一点来说，数字移动电视的普及完全是一种既能获利又具有社会公益性质的事业。

5. 资讯利用最大化

如何让已有的资讯为最广大的人群服务并产生最大的经济和社会效益，一直是传媒人所关注和思考的问题。传统电视媒体对信息资讯的利用远远没有发挥其应有的价值。移动电视的开展，投资建设者可以是传统电视媒体，他可以充分利用本身已有的人力和节目资源创造出更大的效益，这将节省一大笔成本；另一方面，还可以成立专门的移动电视频道，整合各台的新闻、信息资源，通过移动电视系统为更广阔的受众群体服务，达到资讯利用最大化、利润创收最大化。

一、城市轨道交通电视系统功能

1. 监视功能

提供对车厢的安全监控。

1）客车安全监控装置应能使列车乘警、列车长及工作人员在任意一节车厢乘务室内，通过监视器对任意一节车厢的状况进行监控观察。

2）通过每节车厢乘务室内的各项控制设备对车厢内的可疑动态进行录像，特别是在车厢内发生紧急事故时，可以及时采取措施予以处理，保障列车的安全运营。

3）摄像部分是系统的前沿部分，是整个系统的“眼睛”。它布置在被监视车厢的某一位置上，使其视场角能覆盖整个被监视的各个部位。它所监视的内容被变为图像信号，传送至控制中心的监视器上。由于摄像部分是系统的最前端，并且被监视场所的情况是由它变成图像信号传送到控制中心的监视器上。因此，摄像部分的好坏以及它产生的图像信号的质量将影响着整个系统的质量。每节车厢安装 2 组，车头及车尾可以安装 3 组；同时相应安装音频监听器。

2. 录像功能

1）列车监控系统有 3 个层面的需求：其一为预防，其二为现场阻止，其三为事后调查。监控系统必须为事后调查提供证据，由于城市轨道交通列车为公共设施，故本套系统在可能发生的灾难后必须为调查小组提供详细有力的证据。故设备的记录采用了多重保护设计；在互为热备份的车头/车尾工控机同时存储监控内容。两个硬盘所记录的内容相同，可提供 16 路图像长达 7 日的连续记录内容。该系统采用抗振和防破坏设计。

2）回放功能也属于录像功能的重要组成部分。为了满足回放的要求，录像的内容包括：可以对每个观测点的观测情况进行硬盘存储；可以在存储过程中回放历史存储记录；历史记录均有时间标记；全部采用 Windows 界面，操作简便灵活；可以被机车操作员控制录像记录的时间段、不同的车厢镜头、终止录像等操作。

3. 播放功能

播放各类宣传信息及相关列车通知。

1）要求可实施中央高度集中管理、极大增强广告内容的多样性，提高市场竞争力。可以远程更新播放内容、实时发布广告字幕资讯、对网终媒体播放机状态进行巡检（控制平台实时监控各终端运行状态、终端程序运行状况、线路连接情况和当前播放文件；并在出现异常时提供报警功能，同时显示相应的报警原因），可对系统内在线的所有 LCD 屏幕进行远程开机、关机等控制。支持各种主流媒体播放格式，支持播放、暂停、循环播放、限时播放。要求可以兼容网络电视，支持相关的协议及文件格式。

2）叠加功能是播放功能中的一个重要组成部分。支持视频/图文混合，能在视频上叠加图文，支持完全透明或不透明的图文。可通过以太网络，将实时字幕资讯（如天气预报、时事新闻、股票信息、体育赛事、政策法规、公益信息等）信息实时地在系统内不同区域的多个或所有播放器上发布，字幕信息可用单排或双排方式单向或双向滚动显示在液晶屏上，并可对字幕滚动速度、字幕背景颜色、字幕字体、字体颜色等进行任意选择；也可对原来正在播放的内容设置断点回复，使得插播的内容可以全屏播放。车头控制中心可根据用户的要求，通过网络远程控制在不同时段内对多个播放机屏幕挂角的文件进行任意更换。通过网络对系统内不同区域的多个或所有播放机播放内容的更换实施远程控制。

城市轨道交通电视系统在正常情况下，主要提供面向乘客的城市轨道交通电视节目；在异常情况下，停止电视节目内容播放，全屏切换到乘客信息系统内容的播放，提供紧急疏散信息，指导旅客有序、快速地疏散。

二、城市轨道交通电视系统的组成（以北京地铁 5 号线为例）

城市轨道交通电视系统原理图如图 5-5 所示，使用的是 PAL- D 制式。

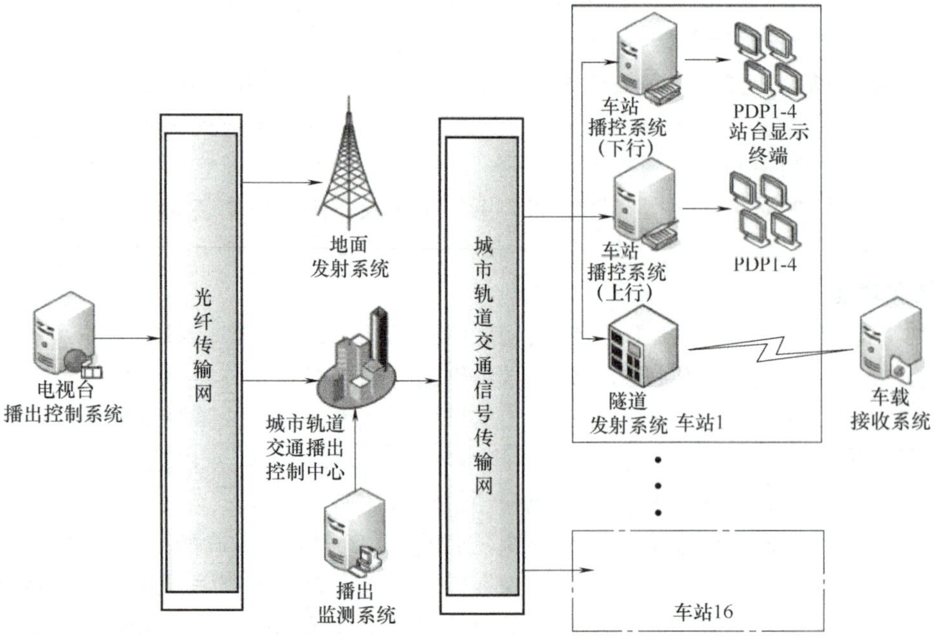

图 5-5 城市轨道交通电视系统原理图

北京城市轨道交通电视系统分为四个子系统：播控中心子系统、车站子系统、网络传输子系统和车载子系统。主要介绍以下两个子系统。

1. 车站子系统

车站子系统主要完成来自播控中心城市轨道交通电视信号的接收、显示、转发覆盖等。将城市轨道交通电视视频信号显示到相应的固定显示终端（LCD），同时将视频信号转换成相应射频信号并送至 POI 设备，以进行隧道漏缆覆盖完成车载信号的覆盖。

北京地铁 5 号线电视系统所属的 23 个车站中，有 3 个站用发射机覆盖，13 个用数字功放覆盖，6 个高架及 1 个地面站不覆盖。

1）发射机站系统连接图如图 5-6 所示。

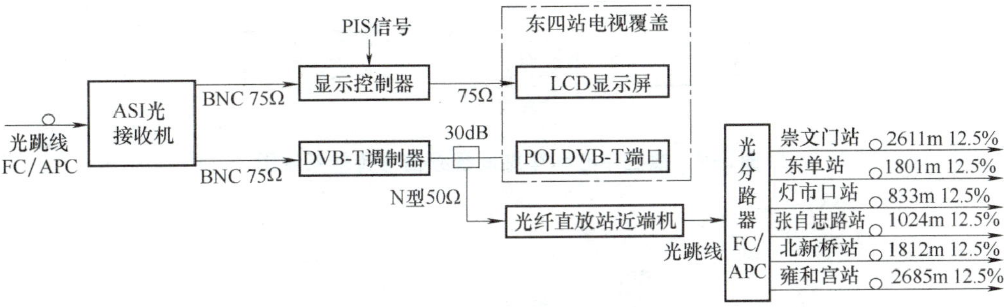

图 5-6　发射机站系统连接图（以东四站为例）

2）非发射机站系统连接图如图 5-7 所示。

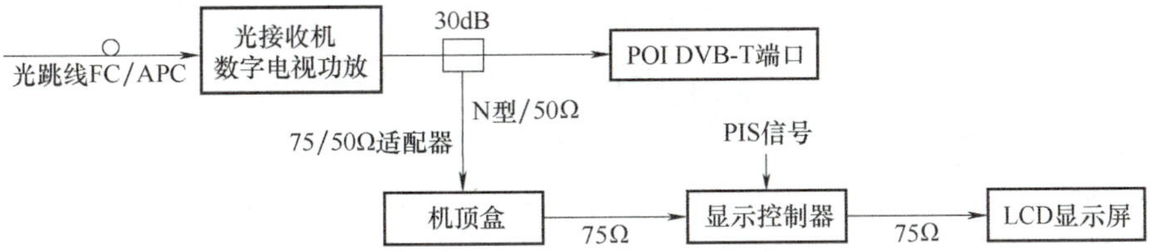

图 5-7　非发射机站系统连接图

3）隧道区间站系统连接图如图 5-8 所示。

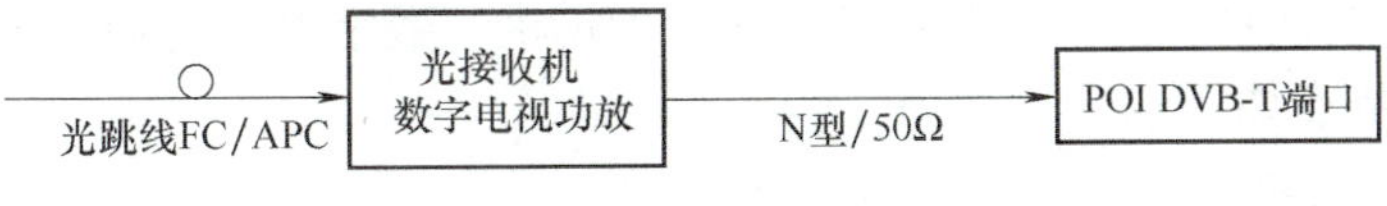

图 5-8　隧道区间站系统连接图

2. 传输子系统

传输子系统承担城市轨道交通电视播控中心和车站之间视频信号的传输和监控信号的上传。城市轨道交通电视网络传输子系统分为两部分：视频信号的传输和监控信号传输。

（1）视频信号的传输　播控中心和车站间视频信号传输系统图如图 5-9 所示。

（2）监控信号传输　监控系统的传输利用民用通信系统传输子系统的以太网接口进行。监控信号传输系统图如图 5-10 所示。

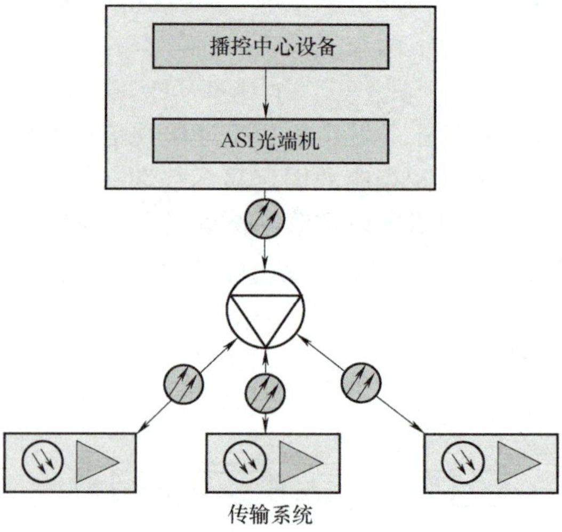

图 5-9 播控中心和车站间视频信号传输系统图

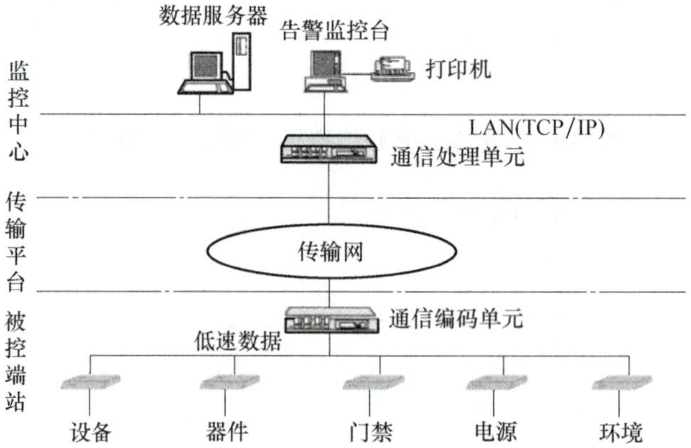

图 5-10 监控信号传输系统图

三、城市轨道交通电视系统主要设备构成及参数

城市轨道交通电视系统主要由发射机、ASI 光端机、数字电视远端机等组成。

1）发射机的特点如下：

① 广播级发射设备。

② 符合 DVB/ATSC。

③ 支持 2K/8K 载波模式及 4K 模式 WEB 或 SNMP 远程监控。

④ 具备 GPS 接口。

⑤ 适合 SFN 应用可靠的电源配置。

2）ASI 光端机的特点如下：

① 专业级 SDI 光电转换设备。

② 灵活的安装配置。

③ 可独立使用，也可成组安装于标准机架。

实训三　广播系统实训

车站广播系统设备的检查与维护

1. 目标

完成巡检，上报结果。

2. 设备

1）数字音频终端控制器。

2）功放检测切换装置。

3）数字功率放大器。

4）交换机。

5）总电源控制器。

3. 实操内容

（1）安全措施

1）对运行中的设备进行维护，开始前请阅读机架面板上的警告标签，并严格遵守。

2）所有对设备和线缆的操作都必须在可视的条件下进行。

3）设备带电插拔板卡时，需要带防静电手环。

（2）专用通信设备室工作环境检查

1）温度指标：-5～45℃。

2）湿度指标：<90%（40℃±5℃）。

3）检查灭火器是否在年检有效期内。

（3）车站广播机柜设备状态检查

1）数字音频终端控制器功能测试。观察数字音频终端控制器指示灯显示内容是否正常。数字音频终端控制器面板示意图如图5-11所示。填写表5-1。

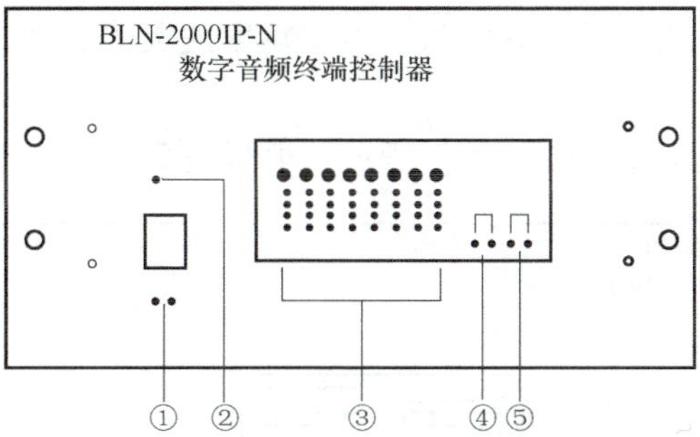

图5-11　数字音频终端控制器面板示意图

表5-1　数字音频终端控制器功能测试表

序号	名　称	说　明	备　注
①	电源开关	按下开关，电源开启	*是否能正常开关*
②	电源指示灯	电源打开时指示灯亮	*红色为正常，不亮为故障*

（续）

序号	名　　称	说　　明	备　　注
③	输出电平指示灯	显示输出电平	*指示灯亮为正常，不亮为故障*
④	主网指示灯	主网络工作时该指示灯闪烁	*闪烁为正常，不亮为故障*
⑤	备网指示灯	备用网络工作时该指示灯闪烁	*闪烁为正常，不亮为故障*

2）功放检测切换装置功能测试。观察功放检测切换装置指示灯显示内容是否正常。功放检测切换装置面板示意图如图 5-12 所示。填写表 5-2。

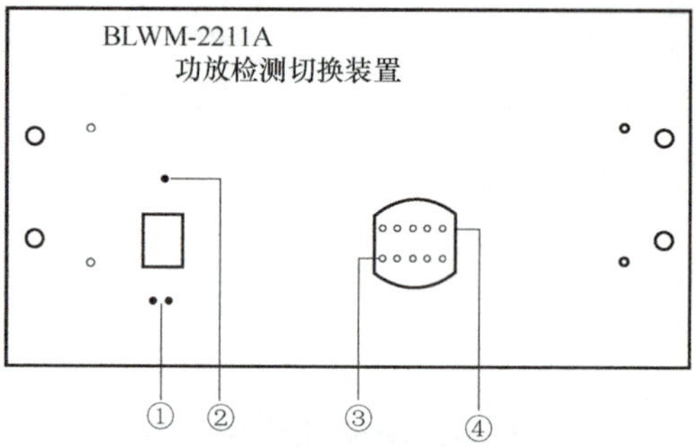

图 5-12　功放检测切换装置面板示意图

表 5-2　功放检测切换装置功能测试表

序号	名　　称	说　　明	备　　注
①	电源开关	按下开关，电源开启	*是否能正常开关*
②	电源显示灯	电源开启，红灯亮	*红色为正常，不亮为故障*
③	切换	显示功放负载的状态	*当切换时红灯亮，无切换操作时指示灯不亮*
④	信号	显示 1 ~5 个输入的信号状态	*绿色为正常，不亮为故障*

3）数字功率放大器功能测试。观察每台数字功率放大器的“信号”“超温”“超载”指示灯显示内容是否正常。

数字功率放大器面板示意图如图 5-13 所示。填写表 5-3。

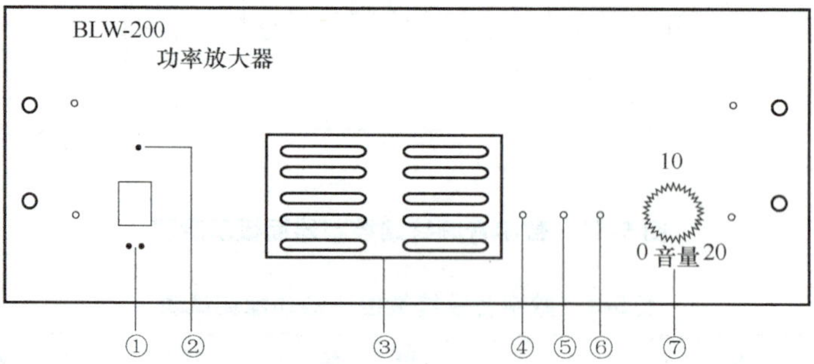

图 5-13　数字功率放大器面板示意图

表 5-3　数字功率放大器功能测试表

序号	名　　称	说　　明	备　　注
①	电源开关	按下开关，电源开启	*是否能正常开关*
②	电源显示	设备电源指示	*红色为正常，不亮为故障*
③	散热口	设备工作时散热	*检查散热口是否有灰尘*
④	信号	显示功放的工作状态	*黄色为正常，不亮为故障*
⑤	超温	此灯亮时，功放处于超温工作状态	*不亮为正常，黄灯为超温*
⑥	超载	此灯亮时，功放处于超载保护状态	*不亮为正常，红灯亮时为超载*
⑦	音量调节旋钮	调整功放输出音量	*功放音量旋钮为固定，查看音量旋钮指针有无偏差*

4）交换机功能测试。观察广播交换机连接网线的端口，通信灯是否正常闪烁。

5）总电源控制器功能测试。观察总电源指示灯及分路电源指示灯状态是否正常。总电源控制器实物图如图 5-14 所示。总电源控制器面板示意图如图 5-15 所示。填写表 5-4。

图 5-14　总电源控制器实物图

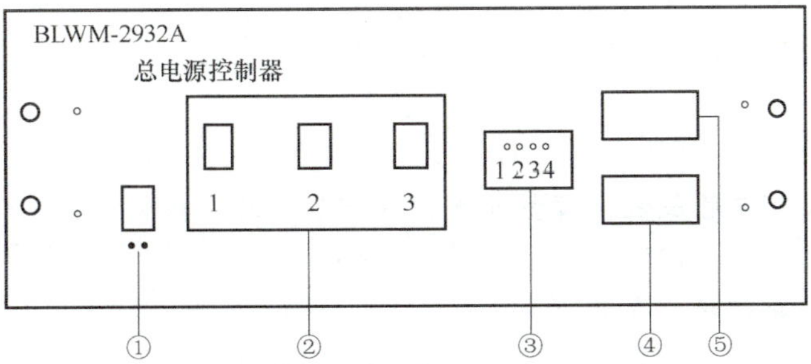

图 5-15　总电源控制器面板示意图

表 5-4 总电源控制器功能测试表

序号	名称	说明	备注
①	总电源开关	启动和关闭系统总电源	是否能正常开关
②	分路电源	启动和关闭各分路电源	三路分开关是否均开启
③	电源显示	系统总电源及分路电源指示	红色为正常，不亮为故障
④	数字电流表显示	显示电流值	查看电流值
⑤	数字电压表显示	显示电压值	查看电压值 220V ± 10V

最后，填写广播系统巡检记录表并上交。

清理现场、整理好工具，撤离现场。

单元小结

本单元介绍了广播电视的基本原理，引入了数字移动电视的概念。重点讲解了城市轨道交通广播系统和城市轨道交通电视系统的组成和功能。特别针对城市轨道交通广播系统中的地面广播和车载广播系统的构成原理进行了较详细的介绍，并通过后面的广播系统实例帮助学生进一步认识了城市轨道交通车站广播系统的设备构成。最后讲述了城市轨道交通电视系统中车站子系统、网络传输子系统的工作方式。

复习思考题

一、填空题

1. 广播是指通过__________或__________传送声音的新闻传播工具。通过__________传送节目的称无线广播，通过__________传送节目的称有线广播。

2. 广播系统一般由__________、__________和__________组成。

3. 城市轨道交通广播系统按设备安装的地点可分为两部分：一部分为__________；另一部分为__________。

4. 数字移动电视的特点有__________、__________、__________和__________等。

5. 城市轨道交通电视系统一般分为四个子系统：__________、__________、__________和__________。

二、选择题

1. （　　）是目前发展最快、数量最多、音质最好的广播制式。

A. AM　　B. FM　　C. PM

2. 我国采用的电视传播制式是（　　）。

A. NTSC 制　　B. PAL 制　　C. SECAM 制

3. 数字移动电视最大的特点是在处于移动状态、时速在（　　）以下的交通工具上，保持电视信号的稳定和清晰。

A. 120km　　B. 200km　　C. 350km

三、判断题

1. 研究发现自然界景物的绝大部分的彩色光都能够分解成独立的红、绿、蓝三原色，即所谓的 R、G、B 三原色原理。(　　)

2. 城市轨道交通地面广播系统一般由车站设备、车体和控制中心设备组成。(　　)

3. 音频放大器是广播系统的主体，包括前置放大器和图示均衡器两部分。(　　)

4. 城市轨道交通电视系统在正常情况下，主要提供面向乘客的城市轨道交通电视节目。(　　)

5. 城市轨道交通电视网络传输子系统分为两部分：视频信号的传输和音频信号的传输。(　　)

四、问答题

1. 车站广播系统的作用是什么？

2. 用于行车指挥的广播系统车站设备由哪些设备组成？各起什么作用？

3. 车载广播有哪几种形式？各由哪些设备组成？

4. 城市轨道交通电视系统功能有哪些？

5. 城市轨道交通电视系统主要由哪些设备组成？各起什么作用？

06

单元六　时钟系统

【学习目标】

1. 了解时间基准的概念。
2. 了解导航系统的基本理论。
3. 了解轨道交通时钟系统的应用。

课题一　时 间 基 准

空间和时间是物质存在的基本形式，空间表示物质运动的广泛性，时间表示物质运动的连续性。在中学课本中，时间被表述成一条有起点、有单位、有指向、无始无终的直线，这就是符合人们常识的牛顿“绝对时间”，也是直到20世纪初被普遍接受的科学的时间概念。进入20世纪，物理学、天文学的新成果、新发现向“绝对时间”的基本观念提出了挑战。爱因斯坦狭义相对论指出，时间不能脱离宇宙及其事件的观察者而独立存在，时间是宇宙与其观察者之间联系的一个方面。处于相对匀速运动的不同观察者，一般对同一事件总会测出不同的时间。例如，相对观察者做匀速运动的钟总是比相对于观察者静止的钟走得慢，钟的相对速度越大，越接近光速，效应越明显。

一、时间的度量

时间包含了“时刻”和“时间间隔”两个概念。时刻是指发生某一现象的瞬间，在天文学和卫星导航定位中称为历元。时间间隔是指发生某一现象所经历的过程，是这一过程始末的时刻（历元）之差。时间间隔测量称为相对时间测量，而时刻测量相应称为绝对时间测量。

测量时间必须建立一个测量的基准，即时间的单位（尺度）和原点（起始历元）。其中时间的尺度是关键，而原点可根据实际应用加以选定。

对于符合下列要求的一个可观察的周期运动现象，都可用作确定时间的基准：

1）运动是连续的、周期性的。

2）运动的周期应具有充分的稳定性。

3）运动的周期必须具有复现性，即在任何地方和时间，都可通过同样的观察和实验，复现这种周期性运动。

在实践中，因所选择的周期运动现象不同，便产生了不同的时间系统。

二、时间系统

1. 世界时

测量时间时，一般用周期性运动来作为测量的基准。地球自转运动在一定的精度范围内是非常稳定的，具有连续、均匀的特点，且与人类的生产活动关系极其密切，所以人类很自然地把地球自转作为时间基准。不过，由于观察地球自转运动时，所选空间参考点不同，世界时系统又包括恒星时和平太阳时。

（1）恒星时（Sidereal Time，ST）　以春分点为参考点，由春分点的周日视运动所确定的时间称为恒星时。

春分点连续两次经过本地子午圈的时间间隔为一恒星日，含24个恒星小时。恒星时以春分点通过本地子午圈时刻为起算原点，在数值上等于春分点相对于本地子午圈的时角，同一瞬间不同测站的恒星时不同，具有地方性，也称地方恒星时。

（2）平太阳时（Mean Solar Time，MT）　由于地球公转的轨道为椭圆，根据天体运动的开普勒定律，可知太阳的视运动速度是不均匀的，如果以真太阳作为观察地球自转运动的参考点，则不符合建立时间系统的基本要求。假设一个参考点的视运动速度等于真太阳周年运动的平均速度，这个假设的参考点在天文学中称为平太阳。平太阳连续两次经过本地子午圈的时间间隔为一平太阳日，包含 24 个平太阳时。

（3）世界时（Universal Time，UT） 以平子夜为零时起算的格林尼治平太阳时称为世界时。世界时与平太阳时的时间尺度相同，起算点不同。1956 年以前，秒被定义为一个平太阳日的 1/86400，是以地球自转这一周期运动作为基础的时间尺度。

2. 原子时（Atomic Time，AT）

随着科学技术的发展对时间系统准确度和稳定度要求的不断提高，由于地球自转的季节性变化，及其他不规则的变化，人们发现世界时并不是一个很严格均匀的时间系统。为此，20 世纪 50 年代建立了准确度和稳定性更高的以物质内部原子运动的特征为基础的原子时系统。

每个原子都有一个原子核，核外分层排布着高速运转的电子。当原子受到 X 射线或电磁辐射时，它的轨道电子可以从一个位置跳到另一个位置，物理学上称此为“跃迁”。跃迁时，原子将吸收或放出一定能量的电磁波，这类电磁波是一种周期运动，振荡周期更短、更稳定。1953 年，英国国家物理实验室率先利用铯原子跃迁振荡运动做出了铯原子钟，把原子钟确定的时间称为原子时。1967 年 10 月，在印度新德里召开的国际计量大会正式把由铯原子钟确定的原子时定义为国际时间标准。

原子时秒长定义：位于海平面上的铯^{133}原子基态的两个超精细能级，在零磁场中跃迁辐射振荡 9192631770 周所持续的时间为一原子时秒。原子时秒为国际制（SI）秒的时间单位。更长的时间单位由秒的累加而得。不同的地方原子时之间存在差异，为此，国际上大约 100 座原子钟，通过相互比对，经数据处理推算出统一的原子时系统，称为国际原子时（International Atomic Time，IAT）。

3. 中国标准时间

中国现代时间标准是中国科学院国家授时中心（NTSC）建立并保持的原子时标准，民用时间标准也是由该中心建立并保持的协调世界时。中国标准时间，就是协调世界时 UTC（NTSC），也就是常说的“北京时间”。

中国科学院国家授时中心利用一组原子钟（目前为 19 台铯原子钟，4 台氢原子钟），通过测量比对和算法设计，建立并保持着高精度中国原子时标准 TA（NTSC）和协调世界时标准 UTC（NTSC），并通过卫星与世界上主要时间实验室保持定期时间对比。目前，UTC（NTSC）的准确度优于 3×10^{-13}，稳定度保持在 10^{-15} 量级。国家授时中心保持中国协调世界时 UTC（NTSC）与国际协调世界时 UTC 之差已经控制在 ±50ns 以内。

图 6-1 是一台 Microsemi 公司生产的 5071A 铯钟，多年来由于其工作的高可靠性及优异的准确度、稳定性，在全球时频领域得到广泛的认可和使用。5071A 铯钟的稳定度优于 1.0×10^{-14}，可以满足一级计量校准实验室要求。

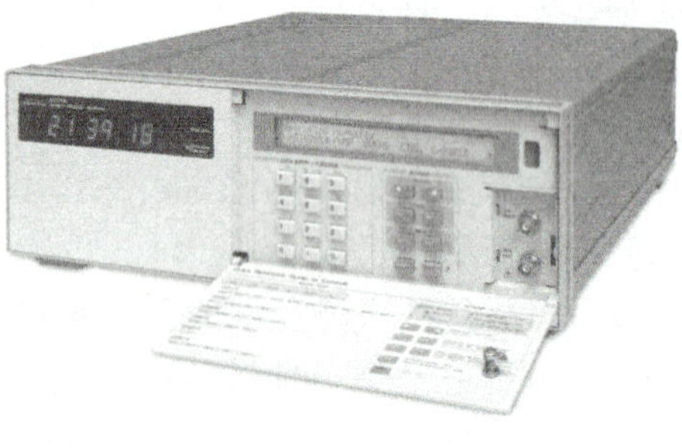

图 6-1 5071A 铯钟

课题二 GPS 概览

1957 年 10 月，世界上第一颗人造地球卫星的成功发射宣告空间科学的发展跨入了一个崭新的时代。美国海军武器实验室委托霍普金斯大学应用物理实验室研制了第一代卫星导航系统——海军导航卫星系统（Navy Navigation Satellite System，NNSS），也称“子午仪（Transit）系统”。1964 年该系统建成后即被美国军方使用。为了实现全天候、全球性和高精度的连续导航与定位的战略需要，1973 年 12 月美国国防部开始研制第二代卫星导航定位系统——全球定位系统（GPS）。

一、GPS 的基本组成

GPS 的英文全称是“Navigation Satellite Timing And Ranging/Global Position System”，其意为“导航卫星测时测距/全球定位系统”，缩写为 NAVSTAR/GPS，简称 GPS。该系统具有在海、陆、空进行全方位实时三维导航与定位能力的新一代卫星导航与定位系统。GPS 研制之初只用于军事目的，现在也广泛应用于商业和科学研究上。它具有全能性（海洋、陆地、航空和航天）、全球性、全天候、连续性、和实时性的导航、定位和定时的功能，能为各类用户提供精密的三维位置、三维速度，并给出精确的卫星时间基准。GPS 主要由三个大部分组成：空间卫星部分、地面控制部分、用户接收部分。

1. 空间卫星部分

GPS 的空间部分使用 24 颗卫星组成卫星星座，24 颗卫星均匀分布在 6 个轨道平面上，每个轨道面有 4 颗卫星。GPS 星座结构如图 6-2 所示。GPS 卫星轨道倾角为 55°，各个轨道平面沿赤经 60°间隔均匀分布。每个轨道平面内的各卫星之间间隔 90°，任意轨道平面上的卫星比西边相邻轨道平面上的相应卫星超前 30°。卫星距离地面高度为 20200km，这种星座能够提供全球用户 24h 不间断的导航和授时功能。

GPS 卫星周期是 11′58″，当地球相对于恒星自转一周时，GPS 卫星绕地球运行两周，即绕地球一周的时间为 12 恒星时。星座设计保证了在地球的任何一个位置最少可同时见到 4 颗卫星，最多可见到 11 颗。

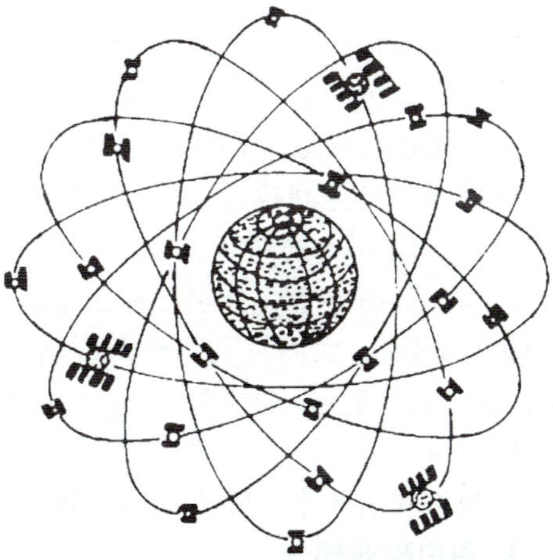
图 6-2　GPS 星座结构

GPS 卫星是由洛克韦尔国际公司空间部研制的，卫星发射质量约 800kg，轨道质量为 464kg，卫星采用铝蜂巢结构，主体呈柱形，直径为 1.5m 左右。卫星供电部分为对日定向太阳电池板，板面全长为 5.33m。朝向地球的发射天线由 12 个螺旋天线组成。螺旋天线阵的辐射宽度约为 30°，天线辐射的波束为圆极化电波。图 6-3 所示是第二代改进型 Block ⅡA（Advanced）卫星。

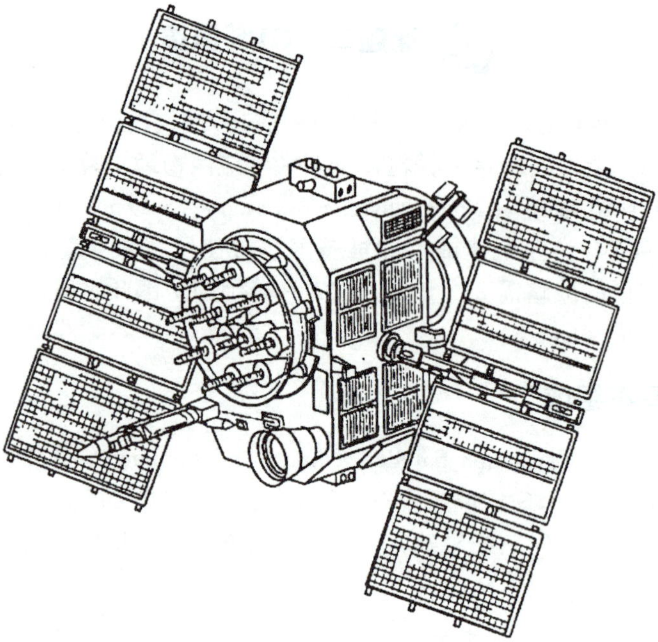

图 6-3 GPS 卫星 Block Ⅱ A

GPS 卫星的主要功能如下：

1）接收、存储导航电文。

2）生成用于导航定位的信号（测距码、载波）。

3）发送用于导航定位的信号（采用双相调制法调制载波上的测距码和导航电文）。

4）接收地面指令，进行相应操作。

5）其他特殊用途，如通信、监测核暴等。

2. 地面控制部分

GPS 地面控制网由三大部分组成：主控站、监控站和注入站，用以监控整个系统的工作。这三大部分包括 1 个主控站、3 个注入站和 5 个监控站。

主控站设在位于美国科罗拉多州斯普林斯（Colorado Springs）附近的佛肯（Falcon）空军基地内的联合空间执行中心（Consolidated Space Operation Center，CSOC）。主控站设有精密时钟，这是 GPS 的时间基准，各监测站和各卫星的时钟都必须与其同步。

注入站共有 3 个，分别设在太平洋的卡瓦加兰岛（Kwajalein）、印度洋的狄哥伽西亚岛（Diogo Garcia）、大西洋的阿松森群岛（Ascension）三个美国空军基地内。注入站是无人值守的工作站，其主要功能是将主控站发送来的卫星星历和钟差信息，每天一次地注入卫星上的存储器中。

监控站共有 5 个，除主控站和注入站以外，还在夏威夷设立监控站。

3. 用户接收部分

用户接收部分的基本设备就是 GPS 信号接收机，其作用是接收、跟踪、测量 GPS 卫星所发射的信号，以获得必要的定位信息及观测量，并经数据处理而完成定位工作，向使用者提供导航定位信息（如位置、速度、时间等）。

二、GPS的基本原理

GPS的定位原理采用的是三球交会法。

首先假定GPS卫星的位置为已知，而又能准确测定所在地点A至卫星之间的距离，那么A点一定是位于以卫星为中心、所测得距离为半径的球面上。进一步，又测得点A至另一卫星的距离，则A点一定处在前后两个圆球相交的圆环上。还可测得与第三个卫星的距离，就可以确定A点只能是在三个圆球相交的两个点上。根据一些地理知识，可以很容易排除其中一个不合理的位置，因为这两点相差很远，可能在地球之外和地心某处，所以通过GPS内置的逻辑系统可以很容易地排除掉。

为了防止意外发生，GPS通常会测量第四颗卫星的位置，这样四个虚拟的圆形相交的点就是我们的精确位置了。当然，GPS在解算中还要推算时钟改正数据，所以用四个方程解四个未知数，也称为“四球交会”。

综上所述，GPS定位需要具备两个重要条件：

1）要确知卫星的准确位置。

2）要准确测定卫星至地球上所测地点的距离。

具体来讲，实现第一点的方法是通过精确地控制。首先要优化设计卫星运行轨道，而且，要由监测站通过各种手段，连续不断监测卫星的运行状态，适时发送控制指令，使卫星保持在正确的运行轨道。将正确的运行轨迹编成星历（相当于火车时刻表），注入卫星，且经由卫星发送给GPS接收机。正确接收每个卫星的星历，就可确知卫星的准确位置。图6-4所示是GPS原理和坐标系。

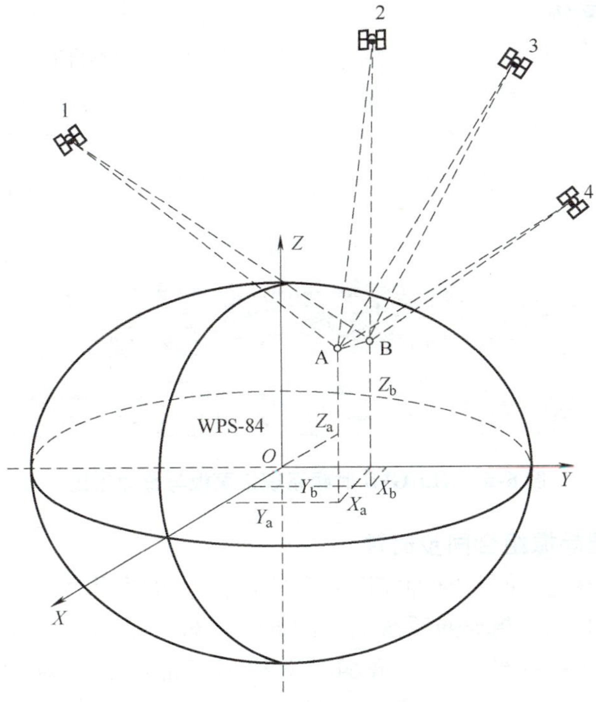

图6-4 GPS原理和坐标系

第二点要测定卫星到地面的距离，采用最基本的公式：距离 = 速度 × 时间。这要求时间要严格同步，GPS 在每颗卫星上装有十分精密的原子钟，并由监测站经常进行校准。卫星发送导航信息，同时也发送精确时间信息，GPS 接收机接收此信息，使时钟同步，就可获得精确的时间信息。

三、GPS 时钟

GPS 接收模块示意图如图 6-5 所示，其工作基本流程是，GPS 接收模块通过接收天线接收到 GPS 卫星信号，然后将卫星信号传送给微处理器计算出标准时钟，并将此时钟信息显示在液晶显示面板上；同时也可以通过外部接口如串口或以太网口传送给外部设备，为外部设备提供标准时钟信息。

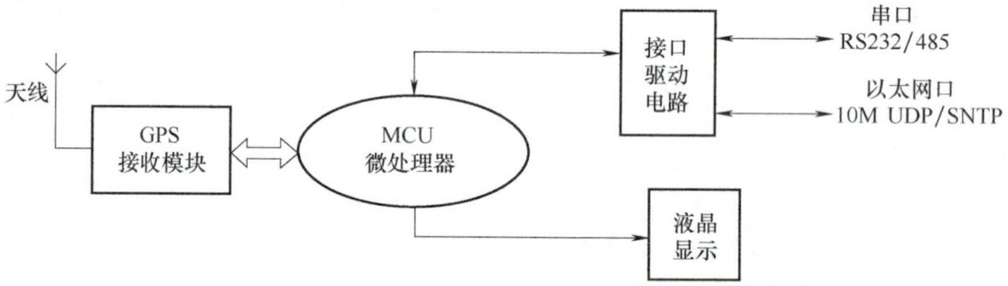

图 6-5　GPS 时钟接收模块示意图

采用 GPS 时钟可以为城市轨道交通系统运营提供统一的时钟系统，准确度高，系统可自动校时，无需人工操作。

1. XLi GPS 时频系统

XLi GPS 时频系统如图 6-6 所示，它是一款多功能模块化的时间频率设备，该设备具有频率输出模块、频率综合模块、电信输出模块、时间码输出模块、脉冲输出模块以及 GPS 模块等。该系统具有 12 通道（即可以同时接收 12 颗 GPS 卫星信号），跟踪精度优于 30ns，授时精度优于 1.0×10^{-12}，可以配置多种输入/输出功能，满足不同的用户需求。

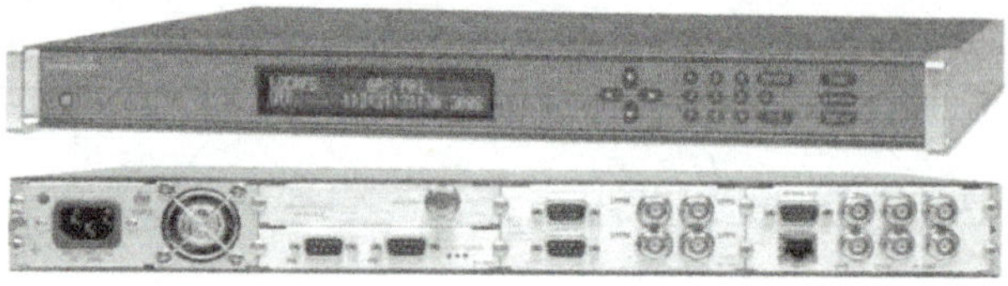

图 6-6　XLi GPS 时频系统正面板与背面板图

2. GNSS 铷钟恒温晶振组合同步时钟

GNSS 铷钟恒温晶振组合同步时钟如图 6-7 所示，它可以同时接收 GPS、GLONASS（俄罗斯卫星导航系统）、北斗卫星导航系统的时间同步信号，采用先进的时间频率测控技术驯服高稳定度铷原子钟，并将高稳定度低相噪双槽恒温晶振锁定在铷原子钟上，将 GPS、GLONASS、北斗卫星的长期稳定性，原子频标的中期稳定性与高稳晶振的短期稳定性完美结合，是超高精度的时间和频率基准源。

图 6-7　GNSS 铷钟恒温晶振组合同步时钟正面板

该系统溯源同步到 GPS、GLONASS、北斗卫星铯原子钟上，输出频率几乎没有漂移，性能接近铯钟，但却远远低于铯钟的价格，应用更为广泛。

课题三　城市轨道交通时钟系统

一、城市轨道交通时钟系统功能

为保证城市轨道交通列车安全、准时、可靠运行，需要各部门、各专业之间密切配合，因此城市轨道交通设置时钟系统以保证准时服务乘客、统一全线设备标准时间。时钟系统具有以下功能：

1）显示统一的标准时间信息。时钟系统提供全线统一的时间基准，由设置在全线各站、车场的指针式和数字式子钟显示，为乘客和工作人员提供包括年、月、日、星期、时、分、秒等的准确时间信息。

2）向其他系统提供标准时间信号。时钟系统在控制中心可向其他通信子系统、自动列车监控（ATS）系统、数据采集与监视控制（SCADA）系统、防灾报警系统（FAS）、自动售检票（AFC）系统等相关系统设备提供准确、统一的时间信息，在全线执行统一的定时标准，为轨道交通行车指挥、列车运行、设备管理提供时间基准，确保通信系统以及其他重要控制系统协调同步。

二、城市轨道交通时钟系统组成

城市轨道交通时钟系统采用二级母钟结构，由控制中心一级母钟系统、监控终端、二级母钟、子钟和传输链路等构成。一级中心母钟系统采用主备 GPS 母钟或 GPS 铷原子母钟系统，一方面给各时钟系统提供时间，另一方面给其他子系统提供时间参考，如图 6-8所示。

1. 一级母钟

一级母钟也称为中心母钟，主要功能是作为基础主时钟使用。一级母钟的时间标准主要来源于以下几个方面：

一是自带的时钟，如铷钟或铯钟，在没有外界授时信号时，自主工作。

二是移动通信网络同步时钟信号，主要来自于 CDMA 或 TD-SCDMA 的基站时钟信号，目前 3G 基站都配备 GPS 授时装置，以 GPS 时间作为基准。

三是直接配备 GPS 天线，接收 GPS 时钟作为主时钟，以 CCTV 时钟备份。

四是配备 GPS + 北斗双模式天线，以 GPS 为主时钟，以北斗时钟备份。

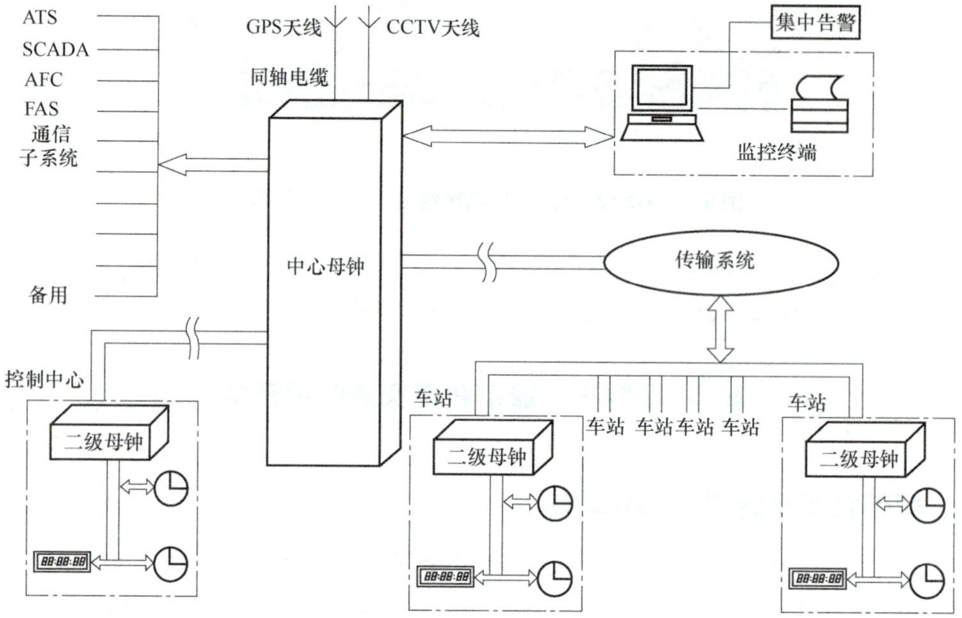

图 6-8 城市轨道交通时钟系统组成

一级母钟具有故障告警功能，并可将故障信息发送给监控系统。一级母钟主要由以下几部分组成：标准时间信号接收单元、主备母钟、自动转换单元、输出接口单元等。

（1）标准时间信号接收单元 为时钟系统提供高精度的时间基准而设置，以实现时钟系统的无累积误差运行。在正常情况下，标准时间信号接收来自 GPS 的卫星时钟信号，经解码、比对后，经由输出接口向母钟发送标准时间代码，以实现对母钟精度的校准。当 GPS 发生故障时，将自动转换为接收北斗时钟或 CCTV 标准时间，或采用自带的时钟自主工作。

（2）主备母钟 母钟能够显示年、月、日、星期、时、分、秒等时间信息，通过标准接口接收标准时间信号接收单元发送的标准时间信号，用以校准自身的精度。当标准时间信号接收单元出现故障时，母钟将采用自身的高稳晶振作为时间基准。由于母钟是整个时钟系统的中枢部分，其可靠性要求较高，一般采用双机热备容错配置。当主母钟故障时，可通过自动或人工手动切换到备用母钟。母钟通过标准接口与控制中心及各站点的二级母钟连接，将标准时间信号发送给该二级母钟并将其校准。同时母钟可接收回送的该二级母钟及控制中心子钟的运行状态信息，再将这些信息送到监控网管系统。

（3）自动转换单元 检测主母钟的工作状态，实现母钟主、备机的自动转换。

（4）输出接口单元 通过标准接口，将时钟信息送给二级母钟或其他需要提取时钟信息的系统。

2. 监控终端

监控终端能够实时监测整个时钟系统的运行状态，可进行故障管理、性能管理、配置管理及安全管理、报表统计等集中维护功能，并可向网管系统提供故障信息，实现集中告警功能。

3. 二级母钟

二级母钟的系统结构如图 6-9 所示，通过传输系统，二级母钟从一级母钟提取标准时间，并校准自身精度。二级母钟通常设置在车站、车辆段或者停车场等需要提取时钟的场所，用标准接口控制各个子钟的运行，同时每个子钟的信号均需上传至时钟系统的监控中心，使之可以完成对全路各站所有时钟工作状态的监测和控制，并可在相应的管理客户机上完成各种需要的管理及配置功能。

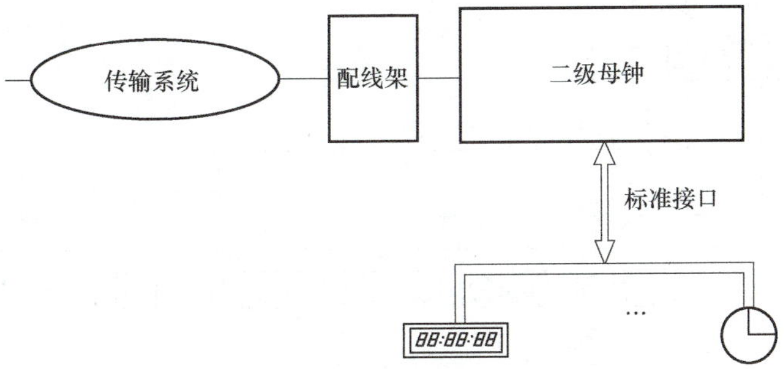

图 6-9　二级母钟的系统结构

二级母钟具有独立的晶振，一级母钟发送来的标准时间信号对二级母钟是校对的关系，而不是绝对指挥关系，当一级母钟或传输通道发生故障时，二级母钟仍可依靠自身的晶振指挥子钟运行。

4. 子钟

子钟一般设置在车站的站台、站厅及办公场所等，分为数字式子钟和指针式子钟两种，如图 6-10 所示。数字式子钟一般为数码管形式，安装在各车站的站台或站厅内，向乘客显示日期及时间信息，还可显示站内外温度等信息。指针式子钟一般为机械式机芯，安装在各车站、车场及控制中心的办公室内，为轨道交通系统工作人员提供准确的时间信息，是轨道交通系统可以准时、可靠运行的重要保障。

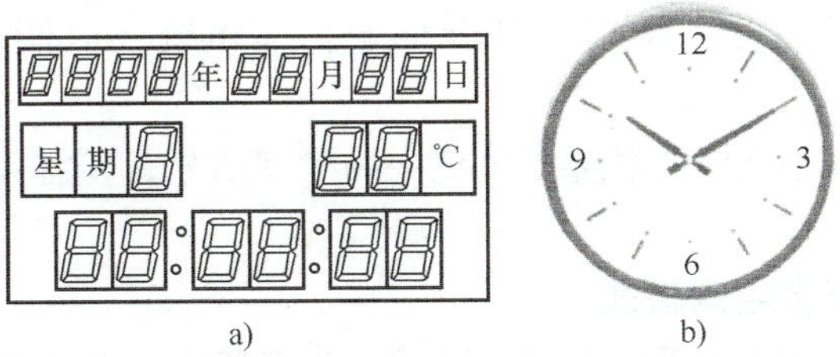

图 6-10　子钟

a）数字式子钟　b）指针式子钟

子钟通过标准接口接收二级母钟发送的时间信号，将自身的精度校准后，显示统一的时间信息。当子钟接收不到来自二级母钟发送的时间信号时，仍能依靠自身的晶振独立运行。此时与标准时间的校准可通过子钟上的按键，人工手动进行校时；当重新接收到二级母钟发送来的时间信号后，回送自身的工作状态。

5. 传输接口

常用的串行通信接口包括 RS232 串行接口、RS422 串行接口、RS485 串行接口三种。RS232 串行接口传输距离约 15m；RS422 串行接口如图 6-11 所示，可传输距离在 1200m 左右，基本能够覆盖一个车站的范围，同时 RS422 接口具有点到多点的传输特性，所以在城市轨道交通中应用较多。时钟系统二级母钟与子钟之间的连线，二级母钟与其他系统接口之间的连线一般都采用此接口。

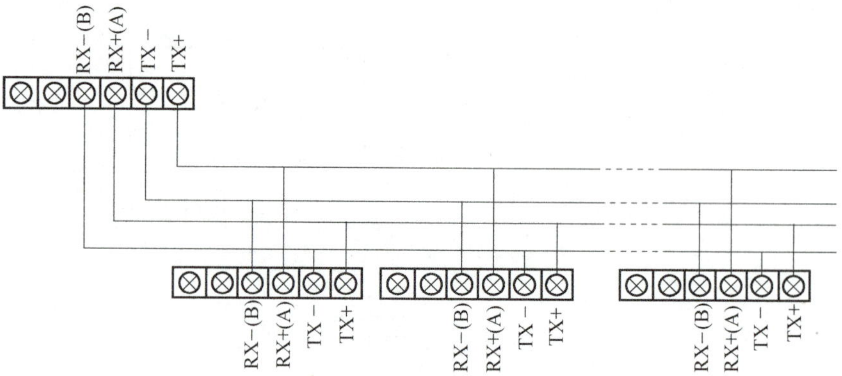

图 6-11　RS422 网络连接示意图

三、城市轨道交通时钟系统组网模式

为保证城市轨道交通列车安全、准时、可靠运行，需要各部门、各专业之间密切配合，因此城市轨道交通必须设置时钟系统以保证准时服务乘客、统一全线设备标准时间，它有两种组网模式。

1. 时钟系统单独组网模式

城市轨道交通中的时钟系统一般采用控制中心/车站两级组网方式：一级母钟接收来自 GPS 的标准时间信号校正本身晶振，产生稳定的标准时间信号，通过传输系统传给车站、车辆段、停车场等的二级母钟；二级母钟接收一级母钟标准时间信号，校正本身晶振，产生稳定的标准时间信号，驱动所带全部子钟显示统一时间，为乘客和工作人员提供统一时间。

一级母钟在控制中心还为其他系统提供统一的时间信号，使各系统的定时设备与时钟系统同步。

2. 与旅客引导系统混合组网模式

旅客引导系统的主要功能是通过文字、图像、声音等形式为进出车站的旅客提供列车到发的有关信息，引导旅客快捷方便地乘车，并可为候车旅客提供新闻、广告、娱乐等信息服务。显示终端包括 PDP 等离子屏幕、液晶显示屏、LED 显示屏等形式，一般设在各车站站厅、站台。

综合考虑两个系统的显示内容信息、显示界面形式，可以将时钟系统与引导显示系统融合，具体网络模式为：保留各车站的二级母钟，取消站厅、站台内的子钟。一级母钟在控制中心为旅客信息系统提供时间信号或由车站二级母钟给车站旅客引导设备直接提供时间信号，由旅客信息系统在各车站站厅、站台的显示终端上以固定窗口的形式显示时钟信息，如图 6-12 所示。

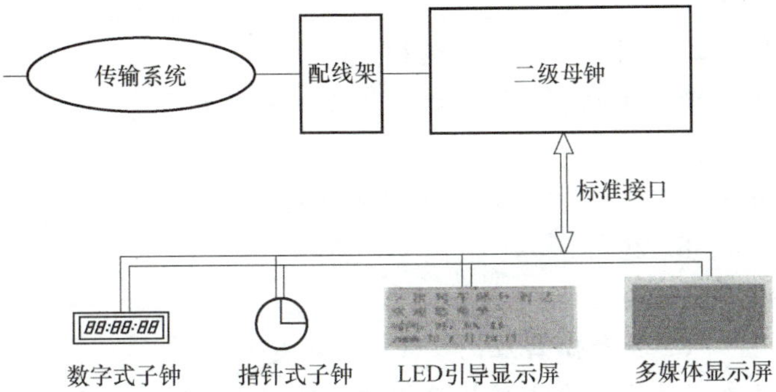

图 6-12 时钟与引导系统整合方案示意图

四、城市轨道交通时钟系统运作模式

1. 中央控制运作模式

系统正常工作状态下，只用中央控制运作模式，中心母钟可正常接收 GPS 信号，并将此信号转换成标准时间信号传送给二级母钟及其他需要接收时间信号的系统，从而使各终端用户的时间与 GPS 的时间保持同步。

当一级母钟不能接收 GPS 信号时，一级母钟将会通过自身的高稳晶振提供时间信号，此时各终端用户仍然接收来自一级母钟的时间信号，一般一级母钟自身晶振的精度可达到 1×10^{-6}，所提供的时间仍能满足运营要求。

2. 车站降级控制运作模式

当一级母钟因故不能向二级母钟传送时间信号时，系统进入车站降级控制运作模式，二级母钟通过自身的高稳晶振为分布于各站点的子钟提供时间信号，但不向其他系统提供时间信号。

当二级母钟因故无法向子钟提供时间信号时，子钟自行运作继续向乘客提供时间信息。

单元小结

本单元简单介绍了城市轨道交通时钟系统，包括时间的基本概念和度量；然后讲授了 GPS 导航定位授时系统的基本理论，包括 GPS 的组成、GPS 的基本原理和 GPS 时钟，列举了两款常用的授时设备。最后讲述了轨道交通时钟系统，包括时钟系统的基本组成、组网模式和运作模式。

复习思考题

一、填空题

1. 时间包含了__________和__________两个概念。

2. 1967 年 10 月，国际计量大会正式把由铯原子钟确定的__________定义为国际时间标准。

3. GPS 主要由三个大部分组成：__________、__________和__________。
4. 轨道交通时钟系统采用__________结构。
5. 时钟系统二级母钟与其他系统接口之间的连线一般采用__________接口。

二、选择题

1. GPS 的空间部分使用（　　）颗卫星组成卫星星座。
A. 18　　B. 24　　C. 30
2. GPS 注入站没有安排在（　　）。
A. 卡瓦加兰岛　　B. 狄哥伽西亚岛　　C. 夏威夷
3. 以春分点为参考点，由春分点的周日视运动所确定的时间称为（　　）。
A. 恒星时　　B. 平太阳时　　C. 原子时

三、判断题

1. 作为时间基准的运动周期必须具有充分的稳定性。（　　）
2. 原子时秒长定义是基于铯^{134}原子。（　　）
3. 中国标准时间就是常说的“北京时间”。（　　）
4. GPS 星座设计保证了在地球的任何一个位置最少可同时见到 4 颗卫星。（　　）
5. 一级母钟从二级母钟提取标准时间，并校准自身精度。（　　）

四、问答题

1. 可用作确定时间的基准周期运动有哪几种特征？
2. GPS 的全称是什么？
3. GPS 的定位原理是什么？
4. 城市轨道交通时钟系统的功能是什么？
5. 一级母钟的时间标准来源有哪些方面？
6. 简述城市轨道交通时钟系统的组成。

07

单元七　电源系统

【学习目标】

1. 了解 UPS 的基本原理。
2. 了解城市轨道交通电源系统的基本构成。
3. 了解城市轨道交通电源系统的基本应用。

在运营过程中，一旦通信电源系统崩溃，后果不堪设想，小到公务电话、时钟设备、广播设备无法使用，大到调度电话系统、电视系统、无线系统无法与行车调度员联系，甚至传输系统无法上传车站通信、信号、AFC 的全部信息，严重波及行车安全。因此，电源系统安全可靠性极为重要，要求能为各系统设备提供不间断、无瞬变的供电。

为了保证通信设备在主电源中断或发生波动情况下，各通信系统仍能可靠地工作，通信电源系统将承担所有车站、控制中心、车辆段及停车场通信设备的供电，通过通信光缆传输系统的传输信道实现集中维护管理。

电源系统主要由电源切换配电柜、高频开关电源、蓄电池组、电源集中监控系统和 UPS 系统组成，同时在控制中心还有一套电源监控系统。

课题一　UPS 理论和应用

一、不间断电源的概念

UPS 是 Uninterrupted Power System 的缩写，中文译为“不间断电源”。UPS 是能够实现两路电源之间无间断地相互转换的电气装置。

UPS 是在最近十几年才得到了迅速发展的。它经历了从方波到正弦波、从离线式到在线式、从小功率到大功率等几个系列，从简单的不间断供电到智能化操作和处理功能，从常规延时（十几分钟）到长延时（几个乃至十几个小时）的历程。现在的 UPS 绝不仅仅是提供不间断电源的工具，而且可以完成诸如自动定时开启关闭设备、市电发生故障时按约定顺序关机等操作。

UPS 是一种含有储能装置，以逆变器为主要组成部分的恒压、恒频的不间断电源。UPS 由交流电输入单元、整流器、逆变器、静态开关、手/自动旁路开关、交流电输出单元和监控模块组成，当市电正常时，UPS 将市电稳压、稳频后，同时蓄电池组充电又向逆变器供电，逆变器输出洁净的交流电源；当市电中断或异常时，UPS 立即在 4 ~ 10ms 时间内或无间断地将蓄电池的电源通过逆变转换的方式向负载继续供应电力，使负载维持正常的工作，后备时间为 2h。

UPS 的主要功能有两路电源无间断地切换、隔离干扰、电压变换、频率变换和后备供电。

二、不间断电源（UPS）的分类

UPS 按其工作原理可分为后备式、在线式以及在线互动式三种。

1. 后备式 UPS

后备式 UPS 在市电供电时由旁路开关直接输出，只有当市电断电时，电池组经逆变电路逆变成 220V、50Hz 的交流电路输出。它最适用于保护单台 PC 或工作站，能解决常见电源故障中的三大故障，包括电源中断、电压下陷及电压浪涌。

后备式 UPS 平时处于电池充电状态，在停电时逆变器紧急切换到工作状态，将电池提供的直流电转变为稳定的交流电输出，因此后备式 UPS 也称为离线式 UPS，如图 7-1 所示。

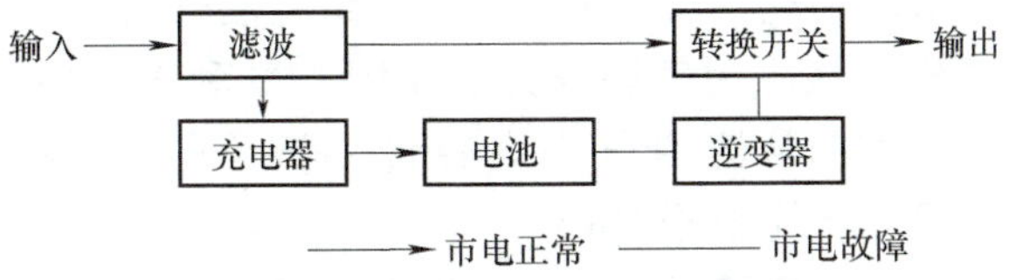

图 7-1 后备式 UPS 示意图

后备式 UPS 电源的优点是运行效率高、噪声低、价格相对便宜，主要适用于市电波动不大、对供电质量要求不高的场合。但后备式 UPS 还存在一个切换时间问题，不适合用在供电不能中断的场所。

2. 在线式 UPS

在线式 UPS 的工作原理是输入的市电经整流滤波后，一方面经逆变后变成纯净的 50Hz、220V 交流电压输出；另一方面经充电器输出直流电给电池组充电，在市电中断时，由电池组经逆变电路逆变成 220V、50Hz 的交流电输出，零时间自动转换，有效地保证输出不间断的电源，全面解决市电中存在的电源故障，提供高层次的电源保护，适用于保护关键系统、重要数据，被广泛应用于数据中心、大型网络、行业系统（金融、邮电、医院、电力、航天航空、军事等）。

在线式 UPS 的逆变器一直处于工作状态，首先通过整流电路将外部交流电转变为直流电，再通过高质量的逆变器将直流电转换为高质量的正弦波交流电输出，如图 7-2 所示。

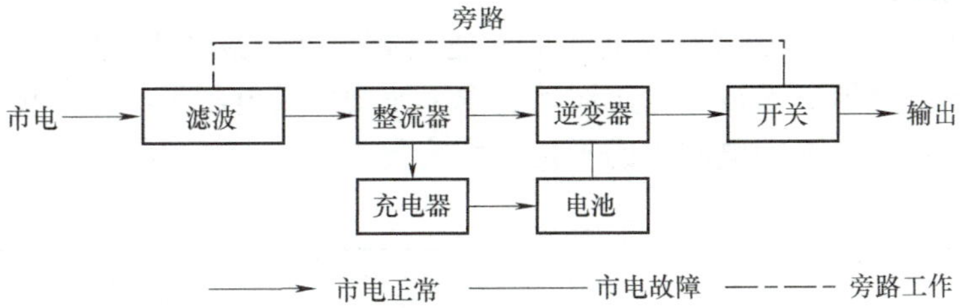

图 7-2 在线式 UPS 示意图

在线式 UPS 在正常供电状况下的主要功能是稳压及防止电网干扰；在停电时则使用备用直流电源（蓄电池组）给逆变器供电。由于逆变器一直在工作，因此不存在切换时间问题，适用于对电源有严格要求的场合。

3. 在线互动式 UPS

所谓在线互动式 UPS，是指在输入市电正常时，UPS 的逆变器处于反向工作（整流工作状态），给电池组充电；在市电异常时逆变器立刻转为逆变工作状态，将电池组的电能转换为交流电输出，因此在线互动式 UPS 也有转换时间。同后备式 UPS 相比，在线互动式 UPS 的保护功能较强，逆变器输出电压波形较好，一般为正弦波，而其最大的优点是具有较强的软件功能，可以方便地上网，进行 UPS 的远程控制和智能化管理。在线互动式 UPS 集中了后备式 UPS 效率高和在线式 UPS 供电质量高的优点，但其稳频特性不理想，不适合做长延时的 UPS。

此外，UPS 还有其他一些分类：比如按后备时间的要求不同，UPS 分为标准型和长效型两种。标准型机内带有电池组，在停电后可以维持较短时间的供电（一般不超过 25min）；

长效型机内不带电池，但增加了充电器，可以配接多组电池以延长供电时间。从组成原理分为旋转型 UPS 和静止型 UPS；从应用领域分为商业用 UPS 和工业用 UPS；从输出电压的相数分为单相 UPS 和三相 UPS；从容量分为大容量 UPS（大于 100kV·A）、中容量 UPS（10～100kV·A）和小容量 UPS（小于 10kV·A）。

城市轨道交通通信不间断电源子系统一般采用在线式中等容量的长效型 UPS。

三、不间断电源（UPS）的作用

随着科学技术的高速发展，各种各样的用电器越来越多。而这其中的绝大部分都是非线性负载，也就是说它们从电网提取的电流波形与电压波形不一致。这样无疑给电网带来了大量谐波以及其他公害，使供电质量越来越差。另一方面，一些重要的用电部门，如机场、医院、银行等，和一些重要的用电设备，如计算机、通信设备等对供电质量的要求越来越高，不仅要求不停电，还要求电压、频率、波形准确完好，不能受到电网的任何干扰，要有一个干净或净化的电源条件。这就使负荷（用电器）与电网供电质量之间的矛盾日趋加深。为了消除这些电网公害的影响，一方面是制定相关的法规来限制用电器对电网造成公害；另一方面就是用 UPS 设备对电网和用电器进行隔离，既避免负载对电网产生干扰，又避免电网中的干扰影响负载。针对这些干扰，UPS 的主要作用可以归纳为以下五个方面：

1. 两路电源之间的无间断相互切换

两路电源可通过 UPS 实现无间断切换，如图 7-3 所示。

2. 隔离干扰功能

在 UPS 中，交流输入电压经整流后，加入逆变器，逆变器对负载供电，如图 7-4 所示。可以将电网电压瞬间间断、谐波、电压波动、频率波动以及电压噪声等干扰与负载隔离，既可以使负载不干扰电网，又使电网中的干扰不影响负载。

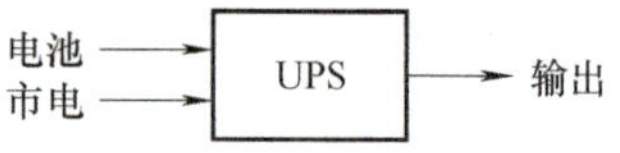

图 7-3 UPS 的两路电源无间断切换

图 7-4 UPS 的隔离作用

3. 电压变换功能

通过 UPS 可以将输入电压变换成需要的输出电压。

4. 频率变换功能

通过 UPS 可以将输入电压的频率变换成需要的输出频率。

5. 提供一定的后备时间

UPS 带有电池，储存一定的能量，一方面在电网停电或发生间断时继续供电一段时间来保护负载；另一方面在 UPS 的整流器发生故障时使用户有时间来保护负载。

四、UPS 的应用

1. UPS 系统的选择

在确定 UPS 的额定输出容量前，先要计算出负载的总容量。为确保 UPS 的系统高效率和尽可能地延长 UPS 的使用寿命，一般负载功率应选择在 UPS 额定功率的 60%～70% 之间。例如计算出需要不间断供电的设备总功率最大为 4000V·A，则 4000V·A ÷ 70% ≈ 6000V·A。考虑今后技术改造升级，需要有一定的余量，所以应该选择 8 ~ 10kV · A 的 UPS。如果不考虑今后的设备升级，选择 6000V · A 的 UPS 就可以了。这样一台符合现场需求的 UPS 就选好了，同时别忘了还要合理地选择输入、输出配线及断路器，它们也是能够确保设备安全可靠运行的关键。艾默生、山特、阳光等牌子的 UPS 在城市轨道交通通信设备中较常使用。

而完成 UPS 对设备的安全保护中关键的一个“支柱”就是蓄电池，UPS 所以能够实现不间断供电，就是因为有了蓄电池，在市电异常时，逆变器直接将蓄电池的化学能变成交流电能输送出去，使用电设备得以连续运行下去。这时就需要掌握 UPS 中对蓄电池工作时间的计算，可以按下面的公式来确定蓄电池的工作时间：满载时蓄电池的工作时间 = 蓄电池组容量 × 电压/(主机功率 × 0.7)，其中 0.7 是功率因子。例如主机额定功率为 8kV · A、两组电池（每组 20 节，电压为 12V/节、容量为 100A · h）并联使用。即电池组电压为 12V × 20 = 240V，电池组容量为 100A · h × 2 = 200A · h。算出该系统在断电时，蓄电池的工作时间为 200A · h × 240V/(8kV · A × 0.7) ≈ 8.57h，这是按系统满载时计算的。目前 UPS 中广泛使用的大多是免维护密封铅酸蓄电池。

在现场日常维护中，UPS 对电池的要求包括：满足一定的端电压；电池应具有在启动放电瞬间就能输出大电流的特性；满足一定的容量，以保证逆变供电的时间。

2. UPS 系统的使用

（1）第一次开机　新购置的 UPS 设备第一次开机时要注意以下环节：按顺序合闸，储能电池开关、自动旁路开关、输出开关依次置于“ON”；按 UPS 启动面板“开”键，UPS 系统将徐徐启动，“逆变”指示灯亮，延时 1min 后，“旁路”灯熄灭，UPS 转为逆变供电，完成开机。经空载运行约 10min 后，按照负载功率由小到大的开机顺序启动负载。

（2）日常开机　只需按 UPS 面板上的“开”键，约 20min 后，即可开启计算机或其他仪器使用。通常等 UPS 启动进入稳定工作后，方可打开负载设备电源开关，其中，手动维护开关在 UPS 正常运行时，呈“OFF”状态。

（3）关机　先将计算机或其他仪器关闭，让 UPS 空载运行 10min，待机内热量排出后，再按面板上的“关”键。

3. 日常维护与检修

1）UPS 在正常使用情况下，主机的维护工作很少，主要是防尘和定期除尘。特别是气候干燥的地区，空气中的灰粒较多，机内的风机会将灰尘带入机内沉积，当遇空气潮湿时会引起主机控制紊乱造成主机工作失常，并发生不准确告警，大量灰尘也会造成器件散热不好。一般每季度应彻底清洁一次。在除尘时，要检查各连接件和插接件有无松动和接触不牢的情况。

2）虽说储能电池组目前都采用了免维护电池，但这只是免除了以往的测比、配比、定时添加蒸馏水的工作。但外因工作状态对电池的影响并没有改变，不正常工作状态对电池造成的影响没有变，这部分的维护检修工作仍是非常重要的，UPS 系统的大量维修检修工作主要在电池部分。

① 储能电池的工作全部是在浮充状态，在这种情况下至少应每年进行一次放电。放电前应先对电池组进行均衡充电，以达到全组电池的均衡。要清楚放电前电池组已存在的落后电池。放电过程中如有一只达到放电终止电压时，应停止放电，先消除落后电池后再继续放电。

② 核对性放电，不是首先追求放出容量的百分之多少，而是要关注发现和处理落后电池，经对落后电池处理后再做核对性放电实验。这样可防止事故发生，以免放电中落后电池恶化为反极电池。

③ 平时每组电池至少应有 8 只电池作标示电池，作为了解全电池组工作情况的参考，对标示电池应定期测量并做好记录。

④ 日常维护中需经常检查的项目有：清洁并检测电池两端电压、温度；连接处有无松动、腐蚀现象，检测连接条压降；电池外观是否完好，有无壳变形和渗漏；极柱、安全阀周围是否有酸雾逸出；主机设备是否正常。

⑤ 免维护电池在维护时，应从广义的维护立场出发，做到运行、日常管理的周到、细致和规范性，使设备（包括主机设备）保持良好的运行状况，从而延长使用年限；使直流母线经常保持合格的电压和电池的放电容量；保证电池运行和人员的安全可靠。这就是电池维护的目的，也是电池运行规程中包括的内容和规则。

3）当 UPS 系统出现故障时，应先查明原因，分清是负载还是 UPS 系统；是主机还是电池组。虽说 UPS 主机有故障自检功能，但它对面而不对点，更换配件很方便，但要维修故障点，仍需做大量的分析、检测工作。另外如自检部分发生故障，显示的故障内容则可能有误。

4）对主机出现击穿、熔断器熔断或器件烧毁的故障，一定要查明原因并排除故障后才能重新启动，否则会接连发生相同的故障。

5）当电池组中发现电压反极、压降大、压差大和酸雾泄漏现象的电池时，应及时采用相应的方法恢复和修复，对不能恢复和修复的要更换，但不能把不同容量、不同性能、不同厂家的电池联在一起，否则可能会对整组电池带来不利影响。对寿命已过期的电池组要及时更换，以免影响到主机。

课题二　城市轨道交通电源

一、城市轨道交通电源系统的组成及功能

城市轨道交通电源系统主要为控制指挥中心、车站和车辆段通信设备提供高质量、高可靠的电源供应，保证在主电源中断或发生超限波动的情况下，通信设备在规定的时间内仍能正常工作，直至主电源恢复正常。

通信电源系统的电源设备主要由电源切换配电柜、高频开关电源、UPS、输入/输出隔离变压器及蓄电池组等设备构成，控制中心、车辆段、停车场、正线车站每处设置一套电源设备，同时在控制中心还有一套电源监控系统。

1）电源切换配电柜主要负责两路交流电源的引入，高频开关电源和 UPS 的输入，同时还负责 UPS 负载的分配。

2）高频开关电源主要负责直流负载的供电与分配，同时为蓄电池组充电。

3）蓄电池组主要负责在开关电源系统或 UPS 停电的情况下，为各种直流、交流负载继续供电，防止通信中断。

4）电源集中监控系统主要负责采集所有站点的电源系统的时时工作状态，对所有站点

的电源系统进行操作和控制，汇报设备故障信息，以便及时予以解决，防止故障扩散。

5）电源接地系统包括工作接地、保护接地和防雷接地。

6）UPS 子系统的作用是保证在主电源发生故障的情况下，仍能为通信设备提供安全可靠的交流电源，并能够在主电源中断的情况下提供 2h 的供电时间。

二、城市轨道交通电源系统设备介绍

1. UPS

1）UPS 由输入隔离变压器、输出隔离变压器（UPS 内）、整流器、逆变器、静态开关、手动旁路开关和监控模块组成，并配备蓄电池组。当交流正常供电时，输入电源既向蓄电池组充电又向逆变器供电，逆变器输出洁净的交流电源。停电时，由蓄电池组经逆变器向负载供电。

2）UPS 设备采用在线双变换式工作方式，正常情况下，供给负载的电源是外供交流电源经 UPS 整流、逆变后输出的 220V 交流电源，只有当设备出现故障时，才自动或手动切换至旁路交流电源。应保证经整流、逆变后的交流电源与外供交流电源同相。

3）UPS 应能为通信设备提供质量良好的交流不间断电源。采用三进三出在线式 UPS，具有手/自动旁路功能，并考虑旁路时的安全供电方式。具有输出过电流及短路保护功能。交流监控模块可对 UPS 进行监控和维护，完成对 UPS 的参数设置、故障告警及电池管理等功能。

4）当输出电流达到过载点时，设备应自动关机或旁路开关工作，过载消除后，重新开机，设备工作应正常。

5）由换相、开关操作和负载通断等引起的浪涌电压超过输出电压门限时，设备应自动关机保护用电设备。

6）UPS 的逆变控制、相位同步、输入整流控制、逻辑控制等必须采用 DSP 技术。

7）UPS 风机转速随负载容量大小的不同可进行智能调整。

8）电池欠电压保护点根据负载容量动态调节。轻载则保护点高，避免轻载状态电池深度放电。

9）蓄电池组应由独立的开关进行控制。无市电情况下，允许用电池启动 UPS。停电后，UPS 转由电池供电，在 UPS 将电池组电能放完后自动关机，当市电恢复正常后 UPS 可自动开机启动，恢复对设备的供电，同时对电池组进行充电。

10）UPS 必须具备对蓄电池限流充电、过放电保护功能。

2. 高频开关电源

高频开关电源是直流供电系统的主要组成部分。直流供电系统由交流配电单元、高频开关电源、直流配电单元、控制器等部分组成。市电经防雷组件后，由交流配电单元将三相交流电配接，分别送到高频开关电源，经高频开关电源整流、稳压产生直流电，各高频开关电源输出并联到正负母排上。正负母排上的直流电通过直流配电单元为负载供电。交流配电单元、高频开关电源、直流配电单元都由控制器检测和控制。控制器通过 RS232、RS485 接口与近端和远端监控单元组成监控系统。

1）－48V 高频开关电源应为传输设备、公务电话设备、专用电话设备等通信设备提供质量良好的直流不间断电源。

2）直流监控模块：本地监控单元，可对控制中心、各车站、车辆段和停车场的 -48V 高频开关电源进行监控和维护。

3）直流配电输出单元将整流器输出端接入配电装置的输入端进行分配，输出至有关通信设备。

4）高频开关电源的工作方式应采用输出电压软启动工作方式。

5）所有模块和插板均可带电插拔；应装有直流电压表及电流表。

6）开关电源必须具备对蓄电池限流充电、过放电保护功能；具有电池容量在线监测、设置电池放电终止电压、强制蓄电池退出功能；能够在中心对电池进行定期充放电维护。

7）可在控制中心完成直流开关电源的设置与查询，能进行全面监控和管理；能对多种故障状态、超限状态进行自动的可闻、可见告警和定位；应有输出过电流保护和短路保护，输入过电压、欠电压及断相保护；具有遥信输出端子（遥信工作和遥信故障）。

3. 交流配电柜

1）交流配电柜主要由交流输入（支持 2 路电源输入）、交流配电、监控单元等组成。

2）输入和输出应具有过载、短路保护功能。

3）输出分配单元应有高度可靠性，避免因误跳影响系统运行。

4）交流配电单元：将供电进行分配，输出至有关通信设备。

5）监控单元应具备友好的人机界面、全汉字菜单，方便现场维护。

6）当系统过电压、欠电压、过电流、频率超限、分路故障时，应有可闻、可见的告警信号，并能手动消除声音信号，故障消除后应能自动恢复，并能储存历史故障记录以便维护人员查阅。

7）具有频率、电压、电流指示仪表。

8）有智能通信接口并开放协议，可实现远程集中监控。

4. 蓄电池组

通信电源系统使用的蓄电池都是阀控式密封铅酸电池（VRLA）。阀控式密封铅酸电池（VRLA）具有“免维护”的功能。这里所指的“免维护”是我国依据 IEC 标准制定的 GB/T 2900.41—2008《蓄电池名词术语》中的定义，即在规定条件下使用期间不需维护的一种蓄电池。所谓蓄电池的维护是相对传统铅酸电池维护而言的，仅指使用期间不需加水。在实际工作中仍需履行维护手续。

（1）阀控式密封铅酸电池特点

1）安全性：电池不会漏液，确保使用安全可靠。

2）免维护：由于内部复合体系产生的气体全部还原成水，所以不需要补水操作。

3）排气系统：当电池过充电、内部压力过高时，排除过剩气体，气压达到正常值时，安全阀自动闭合，电池内不会有多余气体积存。

4）无游离酸：由于特殊隔板吸附电解液，因此电池内无游离酸，电池可多方位安装。

5）防爆：使用安全阀和防爆栓防止电池爆炸，保证电池正常使用时的安全。

6）长寿命：采用抗腐蚀的铅-钙合金制作的板栅保证蓄电池的浮充寿命为 15 年。

（2）蓄电池组在线监测

1）具有电池智能化管理功能，定期对电池自动充放电，并预告电池寿命和当前负载下的备用时间；具有电池容量在线监测、设置电池放电终止电压，并具有强制蓄电池退出功能；能够在监控系统终端上对电池进行定期充放电维护。

2）具备完善的电池管理功能，在监控中心可监测各站电池组工作情况，可反映单只电池的电池电压、单只电池的内阻、整组电池电压、电池组电流、电池温度、电池使用寿命参考值、电池自动检测等内容。

3）对电源系统电池进行 7×24h 不间断监测，并可以通过 TCP/IP、RS232、RS485 三种通信接口，以满足客户不同的现场需要。每月能自动对各个采集的蓄电池参数进行分析，所有分析功能由本地终端设备完成，无需后台软件支持。

5. 电源集中监控系统

电源集中监控系统由计算机控制，对电源切换配电柜、交流配电柜、高频开关电源、UPS 及蓄电池组进行集中监控。电源集中监控系统能直观显示出所有站点电源设备，以车站/车辆段/停车场为单位显示，车站/车辆段/停车场显示出该站配置的所有电源设备的板卡及其详细信息，对蓄电池的监测能具体到 UPS 及高频开关电源蓄电池组的单节蓄电池，并能直观地显示出该节蓄电池的电压、电流。另外，电源集中监控系统还具有集中网管功能。

电源集中监控系统由交流检测单元、直流检测单元、转换单元和控制器组成。

（1）交流检测单元　交流检测单元由交流电压检测板和三相显示板组成，安装在交流配电屏内。三相显示板显示三相交流供电情况。交流电压检测板检测输入交流电的相电压、三相电是否断相，并将有关信号送控制器。

（2）直流检测单元　直流检测单元安装在开关电源内。直流检测单元检测负载分路的断路器是否断开、蓄电池分路的熔断器是否断开，以及检测蓄电池电流，并将有关信号送控制器。

（3）转换单元　转换单元将控制器发出的控制开关电源输出的高低压频率信号送各开关电源模块；将检测到的各模块的信号，包括控制开关电源输出电压的高低压频率信号、均流总线的电压信号、开关电源的输出电流信号、开关电源的告警信号送控制器。

（4）控制器　控制器的主要功能是状态查询、系统控制、参数设置。控制器可查询系统交流供电、蓄电池状态、蓄电池电流、开关电源状态、主分路电流及故障内容；可进行系统开机/关机、均充开/关、开关电源开/关、蓄电池试验开/关。

设置系统参数：开关电源模块的个数、蓄电池参数、均充电压、浮充电压、过电压值、欠电压值、充电限流值和转换电流等。

设置监控参数：设备编号、通信协议与接口速率、故障回报开/关。

6. 电源接地系统

为了提供通信质量，确保通信设备与人身安全，通信电源与通信设备都必须有良好的接地装置。

（1）接地的作用　通信设备的电路零电位参考点、金属外壳和电缆金属护套及隔离线的接地能减少电磁感应和杂音干扰。在交流电源系统中，三相四线制的中性点接地，以便在发生接地故障时迅速将设备的电源切断。将电源设备和通信设备的金属外壳接地，可防止设备故障时发生维护人员触电事故，保证人身安全。设置电源线和通信的防雷保护接地，可防止因雷击产生的过电压危及人身安全和击毁设备。

（2）联合接地系统　联合接地系统分为交流接地系统和直流接地系统两种。交流接地系统包括工作接地、保护接地和防雷接地。

1）工作接地。在通信电源的交流供电系统中，一般采用三相四线制，其中性点接地，称为交流工作接地。

交流工作接地的作用是，当电网的某部分发生故障而接地时，能使保护用的断路器短路而迅速切开电源，从而保护设备的安全。另外，当电网三相负荷不平衡时，中性线会荷载电流，产生压降，有可能影响电气设备的正常工作，当中性线接地时就可以得到改善。

在电子设备中都有一个大面积的导体——工作接地平面，该导体一旦呈现一定的电位，该电位就会在外界干扰的作用下发生变化，从而导致电路系统工作不稳定。其次，通过工作接地可以释放由静电感应在电路上累积的电荷，避免电荷累积造成高压引起的内部放电，干扰电路的工作或损坏元器件。

在对电子设备的调试中，只要稍改变接地导体面积、接地线电阻、接地方式或调整接地点，一些干扰就会加大或减小，一些寄生振荡就会产生或消失。首先，介绍“工作地”的定义。“工作地”一般定义为电子设备或系统中电路的零电位参考点。根据这个定义，电子设备或系统在地线上是等电位的，不会有电压，也不会有电流，但上述定义只在理想状态下才能成立，与实际并不相符。

2）保护接地。在通信电源设备中，将设备在正常情况下与带电部分绝缘的金属外壳与接地体之间做良好的金属连接，可防止设备因绝缘损坏而遭受触电的危险，这种保护工作人员安全的接地措施称为保护接地。

保护接地的作用是，在电源设备运行、维护和检修时，保障人身安全。因为当这些电源设备的不带电金属外壳、机架和操作机构妥善接地后，使之与大地同电位，若设备的金属外壳一旦因绝缘损坏而带电，电流可以通过接地引线和接地装置流入大地，不致使接地的设备产生危险电压，保障人身安全。

保护接地的方法有三种：

第一种是直接接地保护，即将电源设备在正常情况下不带电的金属部分直接连接在单独埋设的一组保护接地电极上。

第二种是保护接零法，中性线既作为工作地线又作为保护地线。用中性线作保护地线有两个问题：首先，中性线平时荷载电流，会使与之连接的设备机壳之间产生电位差，而且这种地线会成为干扰源；其次，当出现某一相短路或碰机壳时，机壳上就有危险电位，人接触时可能发生危险。为了防止干扰和确保安全，交流保护接地应不荷载电流，从中性点直接引一根地线作交流保护接地，接设备机壳，这样的保护地线平时不荷载电流，称无流零线。与通信线靠近时没有交流工频对通信线的影响。当发生交流短路故障时，可以从中性线回流，当某相线碰机壳时，机壳上是地电位，人接触后没有危险。因此称为“安全线”。这种供电系统为交流三相五线制。

第三种是重复保护接地法。电源设备既采用保护接零法的方法，又采用直接接地的保护方法，增加了安全保护的可靠程度。抗干扰也属于保护接地的范畴，所谓保护接地是指对外界干扰进行屏蔽，常见的有静电屏蔽和电磁屏蔽（电磁屏蔽也包括屏蔽通信设备对外界的电磁泄漏，两者统称为电磁兼容）。用良好的导电材料做成设备外壳并进行可靠的接地，可以起到屏蔽静电和电磁的作用。在设计外壳时，散热孔的形状尽量不要增加对涡流的阻抗，并采取减少门隙等措施减少电磁干扰和电磁泄漏。

3）防雷接地。在通信系统中室外用户线或中继线可能会遭到雷击而损坏。在轨道交通地面线，引入机房的外线均经过配线架进入通信设备，在引入外线的配线架上配置有过电压保护器件。过电压保护器件为并在线路上的气体或半导体放电管，放电管的一端连接通信线路，另一端接防雷地线。当通信线路直接遭受雷击或受雷电感应产生的高电压超过放电管的放电电压时，放电管将产生瞬时的大电流将雷电引入防雷地线。若防雷地线开路或接地不良，高压会进入设备损坏电路板，严重时会烧毁设备。

防雷接地有两种：

一种是为保护建筑物不受雷击而专设的防雷接地装置，当采用建筑物的钢筋作避雷系统时，如通信接地为分设方式，楼内通信设备接地装置或安装机架金属件或地线防护钢管与这些钢筋导体的距离不小于1.5～1.8m。

另一种是为了防止雷电过电压对电源设备的破坏而埋设的防雷接地装置，它能预防来自市电高压线遭雷击时经配电变压器感应到低压相线上的过电压，或因低压线路较长，在低压线路上的直接雷击感应过电压沿低压线进入负载设备的危害。在市电高低压侧加装有高低压避雷器，其下端连接地装置。该接地装置一般为单一设置，距离一般交流工作接地及保护接地装置应大于10m。

在直流供电系统中，由于通信设备的需要，蓄电池组的正极（或负极）必须接地。这种接地通常称为直流工作地。

（3）接地方式　通信接地系统与电源接地系统的工作接地、防雷接地、保护接地采用综合接地方式，即这些地线最后接入同一个地网。综合接地要求接地电阻小于1Ω。

单元小结

本单元介绍了UPS的概念、UPS的工作原理和作用以及UPS的应用；介绍了城市轨道交通电源系统的设备组成和功能，对各设备进行了简单介绍，主要有UPS、高频开关电源、交流配电柜、蓄电池组、电源集中监控系统和接地系统。

复习思考题

一、填空题

1. ________是Uninterrupted Power System的缩写，中文译为“不间断电源”。

2. UPS按其工作原理可分为________、________以及在线互动式三种。

3. ________主要为控制指挥中心、车站和车辆段通信设备提供高质量、高可靠的电源供应。

4. 通信电源系统的电源设备主要由________、________、高频开关电源、输入/输出隔离变压器及蓄电池组等设备构成。

5. UPS的逆变控制、相位同步、输入整流控制、逻辑控制等必须采用________技术。

二、判断题

1. UPS是一种含有储能装置，以逆变器为主要组成部分的恒压、恒频的不间断电源。（　　）

2. 在线式UPS在市电供电时由旁路开关直接输出，只有当市电断电时，电池组经逆变

电路逆变成220V、50Hz的交流电路输出。(　　)

3. 高频开关电源是交流供电系统的主要组成部分。(　　)

4. 电源集中监控系统由计算机控制，对电源切换配电柜、交流配电柜、高频开关电源、UPS及蓄电池组进行集中监控。(　　)

5. UPS必须具备对蓄电池限流充电、过放电保护功能。(　　)

三、选择题

1. UPS是一种含有储能装置，以（　　）为主要组成部分的恒压、恒频的不间断电源。

A. 电路交换　　B. 蓄电池组

C. 整流器　　D. 交流电输入单元

2. 当市电中断或异常时，UPS向负载继续供应电力，使负载维持正常的工作，后备时间为（　　）。

A. 1h　　B. 2h

C. 3h　　D. 4h

3. 以下哪项不是常见电源故障（　　）。

A. 电源中断　　B. 电压下陷

C. 电流下陷　　D. 电压浪涌

4. （　　）主要负责直流负载的供电与分配，同时为蓄电池组充电。

A. 高频开关电源　　B. 电源切换配电柜

C. 输入/输出隔离变压器　　D. UPS

5. 在市电高低压侧加装有高低压避雷器，其下端连接地装置。该接地装置一般为单一设置，距离一般交流工作接地及保护接地装置应大于（　　）。

A. 3m　　B. 5m

C. 10m　　D. 12m

四、问答题

1. 什么是UPS?

2. UPS的工作方式有几种？其工作原理是什么？

3. UPS的作用有哪些?

4. UPS系统维护和检修工作有哪些?

5. 城市轨道交通电源系统包含什么设备?

6. 城市轨道交通电源集中监控系统由哪几部分组成?

7. 电源接地系统的作用是什么?

8. 电源接地系统有哪些?

附　录

复习思考题答案

单元一答案

一、填空题

1. 信源　发送设备　信道　接收设备　信宿　噪声源
2. 连续消息到电信号相互变换　基带信号到调制信号的变换
3. 300～3400Hz
4. 无线通信　有线通信
5. 6

二、选择题

1. B
2. A
3. C

三、判断题

1. ×　不是
2. √
3. √
4. ×　可靠性
5. √

四、问答题（略）

单元二答案

一、填空题

1. 终端设备　传输线路　电话交换设备
2. 用户线　中继线　长途线
3. 接入功能
4. 双绞线电缆　同轴电缆　光纤
5. 行车调度电话　维修调度电话

二、判断题

1. × 程控交换机按交换方式分为电路交换、报文交换和分组交换三种方式。
2. √
3. √
4. × 城市轨道交通调度电话系统包括调度总机、调度台和调度分机三部分。
5. √

三、选择题

1. D
2. D
3. B
4. B
5. A

四、问答题（略）

单元三答案

一、填空题

1. 单工 双工 半双工
2. 频分多址（FDMA） 时分多址（TDMA） 码分多址（CDMA）
3. 载波同步 位同步（码元同步） 帧同步（群同步） 网同步
4. 按需分配 动态分配
5. 消息集群 传输集群 准传输集群
6. 大区制 中区制 小区制
7. 集群工作方式 直通工作方式 故障弱化工作方式

二、判断题

1. × 所谓软切换，是指先建立新的连接，再断开旧的连接，即“先连后断”
2. √
3. × “分散式控制方式”改为“集中控制方式”
4. × “FDMA”改为“TDMA”
5. × “全双工”改为“半双工”
6. √

三、选择题

1. C
2. B
3. B
4. C
5. D

四、问答题（略）

单元四答案

一、填空题

1. 闭路电视监控系统　城市轨道交通运行　保证运输安全
2. 指挥行车及控制客流　控制中心　公安安防系统
3. 摄像　传输　控制　显示
4. 摄像部分　摄像机　镜头　电动云台
5. 控制部分　控制　处理
6. 控制中心监控子系统　车站监控子系统　监视和控制
7. 站台　车控室
8. 视频信号切换器　处理　切换　控制
9. OCC
10. 信号系统　广播系统　闭路电视系统

二、判断题

1. √
2. ×　“显示部分”改为“传输系统”
3. ×　“传输系统”改为“显示部分”
4. √
5. ×　“TCC”改为“OCC”
6. √

三、选择题

1. A
2. B
3. D
4. C
5. B

四、问答题（略）

单元五答案

一、填空题

1. 无线电波　导线　无线电波　导线
2. 音源　音频放大器　扬声器系统
3. 地面广播　车载广播
4. 技术数字化　即时传播　垄断性传播　内容的易获性
5. 播控中心子系统　车站子系统　网络传输子系统　车载子系统

二、选择题

1. B
2. B
3. A

三、判断题

1. √
2. × “车体”改为“传输线路”
3. × “图示均衡器”改为“功率放大器”
4. √
5. × 音频改为“监控”

四、问答题（略）

单元六答案

一、填空题

1. 时刻　时间间隔
2. 原子时
3. 空间卫星部分　地面控制部分　用户接收部分
4. 二级母钟
5. RS422 串行

二、选择题

1. B
2. C
3. A

三、判断题

1. √
2. × 铯^{133}原子
3. √
4. √
5. × 正相反

四、问答题（略）

单元七答案

一、填空题

1. UPS
2. 后备式　在线式
3. 城市轨道交通电源系统
4. 电源切换配电柜　UPS
5. DSP

二、判断题

1. √
2. × “在线式”改为“后备式”
3. × “交流”改为“直流”
4. √

5. √

三、选择题

1. B
2. B
3. C
4. A
5. C

四、问答题（略）

参考文献

[1] 贾毓杰. 城市轨道交通通信与信号 [M]. 2 版. 北京：机械工业出版社，2014.
[2] 李怀俊，江伟. 城市轨道交通通信与信号 [M]. 成都：西南交通大学出版社，2015.
[3] 蒲先俊，韩志伟，戴克平，等. 现代地铁专用无线通信 [M]. 北京：人民交通出版社，2016.
[4] 李伟章，杨海江. 城市轨道交通通信 [M]. 2 版. 北京：中国铁道出版社，2013.
[5] 朱济龙. 城市轨道交通车站机电设备 [M]. 2 版. 北京：机械工业出版社，2015.